드림중국어 왕초보 탈출 1 (HSK 1급)

梦想中国语 初级 (HSK 1级)

드림중국어 왕초보 탈출 1 (HSK 1 급)

梦想中国语 初级 (HSK 1 级)

종이책 제 1 판 발행   2017 년 02 월 25 일
종이책 제 2 판 발행   2023 년 05 월 18 일
전자책 제 1 판 발행   2020 년 10 월 01 일
전자책 제 2 판 발행   2023 년 05 월 18 일

저자: 류환 (刘欢)
디자인: 曹帅
발행처: 드림중국어
주소: 인천 서구 청라루비로 93, 7 층
이멜: 5676888@naver.com
등록번호: 654-93-00416
등록일자: 2016 년 12 월 25 일

종이책 ISBN: 979-11-91285-88-8 (13720)
전자책 ISBN: 979-11-91285-89-5 (15720)

값: 31,800 원

이 책은 저작권법에 따라 보호 받는 저작물이므로 무단 복제나 사용은 금지합니다. 이 책의 내용을 이용하거나 인용하려면 반드시 저작권자 드림중국어의 서면 동의를 받아야 합니다. 잘못된 책은 교환해 드립니다.

<MP3 무료 다운!>

이 책에 관련된 모든 MP3 는 드림중국어 카페(http://cafe.naver.com/dream2088)를 회원 가입하신 후에 <교재 MP3 무료 다운> 에서 무료로 다운 받으실 수 있습니다.

드림중국어 원어민 수업 체험 예약 (30 분)

QR 코드를 스캔해서 중국어 수업을 체험 신청하세요.

(네이버 아이디로 들어감)

ZOOM 1:1 수업, 휴대폰/태블릿/컴퓨터로 수업 가능

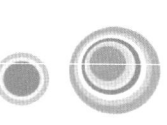

목 록

제 1 과 발음 1

제 2 과 수업 31

제 3 과 인사 33

제 4 과 건강 43

제 5 과 소개 63

제 6 과 국적 74

제 7 과 가족 87

제 8 과 직장 105

제 9 과 색깔 118

제 10 과 자유회화 135

MP3 + 연습 문제 답안 다운로드 방법 141

<드림중국어> 시리즈 교재 소개 143

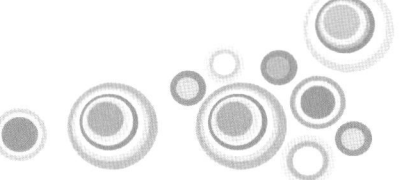

제1과 발음

一. 중국어 소개

1. 중국어는 왜 한어라고 할 까요?

　　중국은 다민족 국가이고 민족의 수는 총 56개 입니다. 그 중 90%이상은 한족입니다. 나머지 55개의 민족은 다 자신의 언어와 문화가 있습니다. 그러나 한족이 인구의 대부분이기 때문에 한족이 쓰는 언어인 한어가 중국의 대표 언어가 되었습니다.

2. 우리가 배우고 있는 중국어가 푸통화(普通话/표준말)일 까요?

　　네. 그렇습니다. 같은 한어라도 수백 가지의 방언, 즉 사투리가 있습니다. 그래서 표준어가 필요합니다. 현재 우리가 쓰고 있는 중국어 푸통화는 1949년 중화인민공화국이 건국된 이후에 북방 방언을 기초로 하고, 베이징말을 표준으로 해서 만든 표준어입니다.

3. 중국어의 발음은 왜 영어로 표시할 까요?

　　언어 개혁 이전의 중국어 발음은 간단한 한자와 같은 주음 부호였습니다. 지금은 대만에서 아직도 그 발음 기호를 사용하고 있습니다. 예를 들면, (왼쪽은 대만 주음 부호; 오른쪽은 언어 개혁 후 대륙의 한어병음;)

ㄅ b　　ㄆ p　　ㄇ m　　ㄈ f

ㄉ d　　ㄊ t　　ㄋ n　　ㄌ l

ㄍ g　　ㄎ k　　ㄏ h

　　현재 대륙의 발음은 영어라기 보다는 라틴어 알파벳입니다. 이것을 한어병음이라고 합니다. 1958년 2월, 중국 문자 개혁 위원회가 <한어 병음 방안>을 공포하면서 현대 중

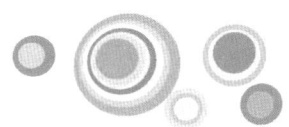

국어의 새로운 표기로 라틴어 알파벳을 사용할 것을 확정했습니다.

4. 중국어 한자는 왜 한국 사람들이 쓰는 한자와 다를까요?

사실 한국 뿐만 아니라 일본, 베트남, 홍콩, 마카오, 대만, 말레시아, 싱가플 등 타 아시아 국가나 지역에서 사용하는 한자가 모두 중국에서 쓰는 한자와 다릅니다. 그 이유는 바로 언어 개혁에 있습니다. 1949년 2차 세계 대전 및 중국 내전이 끝난 후, 중국에서 언어 개혁을 시작했습니다. 번체자를 없애자는 의견도 많았지만 한자가 없어지면 문화도 없어질 것이라는 반대 의견도 많았습니다. 그래서 한자를 없애지 말고 간단하게 만들자는 절충론이 나왔습니다.

1950년대에 두 차례의 언어 개혁이 있었습니다. 첫 번째는 한자 개혁, 다른 하나는 발음 개혁이었습니다. 한자 개혁 때 번체자에서 간체자로 바꿨습니다. 1956년 중국에서 <한자 간화 방안>을 공포하고 1964년에 2235개의 <간체자 총표>를 편찬했습니다. 예를 들어, '말'은 번체자로 '馬'이지만, 간체자로는 '马'로 표시됩니다.

5. 중국어에서 존대말이 있을까요?

중국어는 한국어와 달리 존댓말과 반말의 차이가 없습니다. 즉 영어처럼 한 가지 말만 있습니다. 물론 영어처럼 'please'와 같은 존경과 예의를 위한 표현들은 있습니다. 존대말이 없어서 중국에서는 '친구'라는 말을 많이 사용합니다. 친구는 중국에서 '朋友 péng you'라고하는데 서로 잘 아는 사이면 모두 '朋友 péng you'라고 할 수 있습니다. 한국에서는 동갑이어야 친구라고 할 수 있지만 중국에서 15살과 50살 사이에서도 친구라고 할 수 있습니다.

二 汉语拼音 (한어병음)

중국어의 발음은 한어병음(汉语拼音)이라고 합니다. 한어병음의 창시자는 저우유광

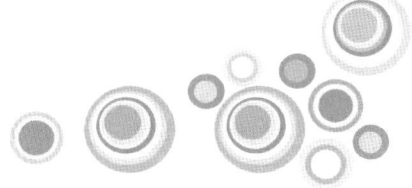

(周有光, 1906~2017) 이라는 언어 학자입니다. 그는 건국 후 중국의 언어 정책을 주도한 학자입니다. 중국에서 그를 '한어병음의 아버지'라고 부르기도 합니다. 이 분은 일본과 미국에서 유학을 했고 50세 전까지는 계속 금융 업계에서 일했으며 직장 이외의 취미는 언어 연구였습니다. 50세부터 언어 분야에서 일하기 시작하여 중국의 언어 학계의 대가가 되셨습니다.

한어병음은 세 부분으로 구성되어 있는데 성모(声母), 운모(韵母), 성조(声调)입니다. 성모는 한국어의 자음에 해당하고 음절의 처음에 나오는 발음입니다. 성모는 총 23개가 있는데 그 중 두 개가 반성모입니다. 운모는 한국어의 모음에 해당하며, 음절의 뒷부분에 나옵니다. 운모는 총 24개가 있습니다. 성조는 중국어의 특유한 발음으로 음높이의 변화를 나타내는 것으로, 제1성, 제2성, 제3성, 제4성 네 개의 성조로 구성되어 있습니다.

1. 성모

b p m f　　　　**d t n l**
g k h　　　　　**j q x**
zh ch sh r　　　**z c s　y w**

성모의 조음위치

쌍순음(双脣音) 윗입술, 아랫입술 b p m

순치음(脣齒音) 윗니, 아랫입술 f

설첨음(舌尖音) 혀끝, 윗잇몸 d t n l

설근음(舌根音) 혀뿌리, 부드러운 입천장 g k h

설면음(舌面音) 혓바닥, 딱딱한 입천장 j q x

권설음(卷舌音) 혀끝, 딱딱한 입천장 zh ch sh r

설치음(舌齿音) 혀끝, 윗니 뒷벽 z c s

발음 Tip:

(1) fo 혀를 윗니와 아랫입술에 대었다가 떼면서 소리를 냅니다.

(2) zh, ch, sh, r 혀를 살짝 말아 올려서 공기를 입 밖으로 내 보내면서 내는 소리입니다. 이 때 혀가 입천장에 닿을 듯합니다.

(3) [zh][ch] 혀끝을 입천장에 붙였다가 떼면서 발음하고

   [sh][r]는 혀끝을 입천장에 붙이지 않고 발음합니다.

(4) z, c, s 발음은 혀끝을 윗니 뿌리 부분에 살짝 댔다가 떼면서 소리를 냅니다.

2. 운모

기본 운모

a o e i u ü

조합 운모

ai ei ui(uei)

ao ou iu(iou)　　　　ie üe er

an en in un(uen) ün　　ang eng ing ong

발음 Tip:

(1) e: 중국어의 'e' 발음은 한국어의 '으어'와 비슷합니다.

(2) ü: 입술을 둥글게 모아 앞으로 내밀며 '위'하고 발음하세요.

(3) er: 혀끝을 입천장 가까이 살짝 말아 올려 '얼'하고 발음하세요.

(4) ie: '이'를 가볍게 천천히 발음하여 '이에'하고 발음하세요.

(5) üe: 입술을 둥글게 모아 앞으로 내밀고 '위에'하고 발음하세요.

(6) ao, iao: 마지막이 'o'로 끝나지만 발음의 끝은 'u'로 발음합니다.

3. 성조

성조가 존재하는 이유는 무엇일까요?

한국어부터 생각해 봅시다. 한국어는 받침이 발달한 언어입니다. 중국어는 반대로 받침의 개념이 없습니다. 한국어의 받침과 유사한 음가를 가진 것은 중국어에 -n / -ng 두 가지 있지만 이것도 모두 운모 안에 포함된 발음입니다. 받침이 없는 대신 중국어에서 성조가 있습니다.

성조가 존재하는 이유는 바로 기존 발음의 부족입니다. 한자의 수는 약 8만개인데 조합 발음은 약 400개만 있습니다. 한자를 발음으로 다 표현할 수 없기 때문에 기존 발음을 더 많고 복잡하게 만들 필요가 있었습니다. 그래서 성조가 생겼습니다. 성조는 고대 중국어부터 있었고 현재 총 4개가 있습니다. 제1성,제2성,제3성,제4성입니다.

4개의 성조 :

第一声 1성: 높고 평평하게, 일정하게 유지함

第二声 2성: 중간음에서 제일 높은 음으로 올라감

第三声 3성: 중간음에서 바닥을 찍고 올라감

  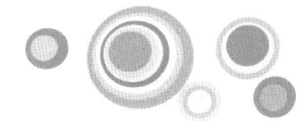

第四声 4성: 높은 곳에서 맨 아래로 뚝 떨어진 느낌

발음 Tip:

1성: 치과의사가 '아~ 해보세요'할 때 '아'의 발음

2성: 누가 나를 부를 때 '어?'하고 대꾸하는 발음

3성: 뭔가 깨달았을 때 '아~'하고 내는 감탄사의 발음

　　　제일 낮은 음으로 내려가야 해서 가래를 뱉는 듯한 느낌이다

4성: 맞았을 때 아파서 내는 '아'의 발음

　　　또한 한국어의 '야!'와 억양이 비슷하다

ā	á	ǎ	à	ō	ó	ǒ	ò
ē	é	ě	è	ī	í	ǐ	ì
ū	ú	ǔ	ù	ǖ	ǘ	ǚ	ǜ
āi	ái	ǎi	ài	ēi	éi	ěi	èi
uī	uí	uǐ	uì	āo	áo	ǎo	ào
ōu	óu	ǒu	òu	iū	iú	iǔ	iù
iē	ié	iě	iè	üē	üé	üě	üè
ēr	ér	ěr	èr	ān	án	ǎn	àn
ēn	én	ěn	èn	īn	ín	ǐn	ìn
ūn	ún	ǔn	ùn	ǖn	ǘn	ǚn	ǜn
āng	áng	ǎng	àng	ēng	éng	ěng	èng
īng	íng	ǐng	ìng	ōng	óng	ǒng	òng

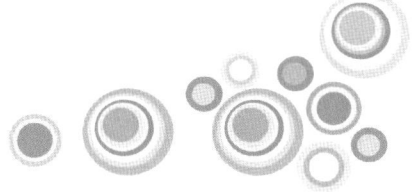

4. 성조 표시 규칙

(1) 성조는 모두 기본 운모(6개) 위에 표시합니다.

예: bā bīn bān bēi

(2) 모음이 i 일 경우, 점을 빼고 그 자리에 성조를 표시합니다.

예: nín mí yíng

(3) 두 개의 운모가 같이 나올 경우, 보통 입을 더 크게 벌리는 운모 위에 성조를 표시합니다.

$$a > o > e > i = u > ü$$

예: lüè liè shòu shào shài fèi

(4) u 와 i 같이 나올 경우, 뒤에 있는 운모 위에 성조를 표시합니다.

예: xiū cuī

1.1 연습: 아래 발음을 모두 2성 표시하세요.

bin	mi	ying
lüe	lie	shou
shao	shai	fei
xiu	cui	sui
kui	qiu	jiu

5. 발음 읽기 규칙
 (1) 경성

경성이란 성조가 없는 발음입니다. 보통 말을 빨리 하거나 편하게 하려고 할 때 단어 끝이나 문장의 끝에 성조가 없어지고 경성이 된 경우가 많습니다.

mā ma	jiě jie	bà ba	gē ge
妈妈	姐姐	爸爸	哥哥
엄마	언니/누나	아빠	형/오빠

wǒ de	tā de	zǒu ba	tā men
我的	他的	走吧	他们
내 것	그의 것	가자	그들

(2) er화음

er화음은 중국 북방, 특히 베이징 방언의 특유한 발음입니다. 특별한 의미가 없지만 단어의 끝에 자주 나옵니다. 발음 표시는 er이지만 다른 단어 뒤에 나올 경우에는 r 로 자주 표시합니다. 읽을 때 앞 발음과 연결해서 하나의 발음처럼 하면 됩니다.

zhè er	nà er	lái zhè er	qù nà er	èr shí
这儿	那儿	来这儿	去那儿	二十
여기	저기	여기에 온다	거기에 간다	20

(3) 3성변조

3성변조는 이해하기 쉽습니다. 모든 성조 중에 3성이 제일 길고 변화가 많습니다. 그래서 사람들이 말을 빨리 하면 어쩔 수 없이 3성이 변하게 됩니다. 예를 들어 '鼓掌 gǔ zhǎng (박수치다)'이라는 말이 있는데 천천히 읽으면 3성+3성인데 빨리 읽으면 2성+3성 'gúzhǎng' 로 읽게 됩니다. 이것이 바로 3성 변조입니다. '3성+3성'의 경우, '2성+3성'이 되고, '3성+기타 성조(1,2,4성)'의 경우, 앞의 3성은 반3성이 됩니다.

美好 (아름답다) měi hǎo 는 méi hǎo 로 읽기

买马 (말을 산다) mǎi mǎ 는 mái mǎ 로 읽기

hǎo lèi	hǎo wán	hǎo tīng
好累	好玩	好听

너무 힘들다   재미 있다   듣기 좋다

6. 발음 쓰기 규칙

중국어의 성모는 총 23개이지만 그 중 두 개, y w는 특이합니다. 이는 반성모나 반운모라고 하는데 이유는 바로 모음 혼자 쓸 수 없기 때문입니다. 한국어에서 'ㅏ ㅣ' 라는 표현을 안 쓰고 앞에 자음에 해당하는 'ㅇ'를 붙여 '아이'로 만드는 원리와 비슷합니다. 중국어에서 'u i' 라는 단어가 있으면 모음 혼자서만 쓸 수 없어서 그 전에 w y를 붙여 주면서 'wu yi' 로 만들 수 있습니다. y w는 겉은 자음 같으면서 속은 모음입니다. 즉 '자음반 모음반'인데 '프라이드반 양념반'의 치킨과 비슷한 개념이라 이렇게 생각하면 재미 있습니다.

(1) 반성모/반운모 y

대체하기 :   ia→ya   ie→ye   ian→yan   iang→yang

iao→yao   iou→you   iong→yong

앞에 붙이기 : i→yi   in→yin   ing→ying

(2) 반성모/반운모 w

대체하기 :   ua→wa   uan→wan   uo→wo   wen→wen

uai→wai   uang→wang   uei→wei   ueng→weng

앞에 붙이기 : u→wu

(3) ü 와 y, j, q, x

y 는 ü 앞에 붙이기+ 점 생략 :

예: ü→ yu   üe→ yue   üan→ yuan   ün→ yun

j q x 는 ü 앞에 붙이기+ 점 생략:

예: j+ü→ju   q+ü→qu   x+ü→xu   l+ü→ lü   n+ü→nü

(4) 가운데 운모 생략 iu=iou; ui=uei; un=uen;

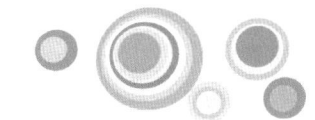

예: iu-啤酒(pí jiǔ) (맥주)   ui-贵姓(guì xìng) (귀한 성씨)   un-讨论(tǎo lùn) (토론하다)

7. 不 (bù) 과 一 (yī) 의 성조 변화

(1) 不 는 원래 4성이고, 1,2,3성 앞에 올 때 4성으로 읽습니다.

예: bù gāo   bù xíng   bù hǎo   bù mǎi

(2) 不 는 4성 앞에 오는 경우 2성으로 변합니다.

예: bú shì   bú kàn   bú kè qi   bú yào

(3) 一 는 원래 1성이지만, 4성 앞에 오는 경우 2성으로 변합니다.

예: yí xiàr   yí dìng   yí cì   yí piàn

(4) 一 는 또한 4성이고, 1,2,3성 앞에 오는 경우 4성으로 읽습니다.

예: yì biān   yì zhí   yì qǐ   yì bān

三 한어병음표

单韵母(단운모)

	a	o	e	i	u	ü
b	ba	bo		bi	bu	
p	pa	po		pi	pu	
m	ma	mo	me	mi	mu	
f	fa	fo			fu	
d	da		de	di	du	
t	ta		te	ti	tu	
n	na		ne	ni	nu	nü

l	la		le	li	lu	lü
g	ga		ge		gu	
k	ka		ke		ku	
h	ha		he		hu	
j				ji		ju
q				qi		qu
x				xi		xu
z	za		ze	zi	zu	
c	ca		ce	ci	cu	
s	sa		se	si	su	
zh	zha		zhe	zhi	zhu	
ch	cha		che	chi	chu	
sh	sha		she	shi	shu	
r			re	ri	ru	
y	ya		ye	yi		yu
w	wa	wo			wu	

复韵母 (복운모)

	ai	ei	ui	ao	ou	iu	ie	üe
b	bai	bei		bao			bie	
p	pai	pei		pao	pou		pie	
m	mai	mei		mao	mou	miu	mie	
f		fei			fou			
d	dai	dei	dui	dao	dou	diu	die	
t	tai		tui	tao	tou		tie	

11

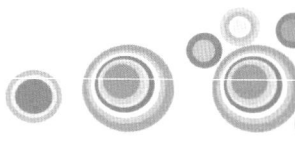

n	nai	nei		nao		niu	nie	nüe
l	lai	lei		lao	lou	liu	lie	lüe
g	gai	gei	gui	gao	gou			
k	kai	kei	kui	kao	kou			
h	hai	hei	hui	hao	hou			
j						jiu	jie	jue
q						qiu	qie	que
x						xiu	xie	xue
z	zai	zei	zui	zao	zou			
c	cai		cui	cao	cou			
s	sai		sui	sao	sou			
zh	zhai		zhui	zhao	zhou			
ch	chai		chui	chao	chou			
sh	shai	shei	shui	shao	shou			
r			rui	rao	rou			
y				yao	you			yue
w	wai	wei						

前鼻韵母(전비운모)   后鼻韵母(후비운모)

	an	en	in	un	ün	ang	eng	ing	ong
b	ban	ben	bin			bang	beng	bing	
p	pan	pen	pin			pang	peng	ping	
m	man	men	min			mang	meng	ming	
f	fan	fen				fang	feng		
d	dan			dun		dang	deng	ding	dong

t	tan			tun	tang	teng	ting	tong
n	nan	nen	nin		nang	neng	ning	nong
l	lan		lin	lun	lang	leng	ling	long
g	gan	gen		gun	gang	geng		gong
k	kan	ken		kun	kang	keng		kong
h	han	hen		hun	hang	heng		hong
j			jin	jun			jing	
q			qin	qun			qing	
x			xin	xun			xing	
z	zan	zen		zun	zang	zeng		zong
c	can	cen		cun	cang	ceng		cong
s	san	sen		sun	sang	seng		song
zh	zhan	zhen		zhun	zhang	zheng		zhong
ch	chan	chen		chun	chang	cheng		chong
sh	shan	shen		shun	shang	sheng		
r	ran	ren		run	rang	reng		rong
y	yan		yin	yun	yang		ying	yong
w	wan	wen			wang	weng		

三拼音节(삼병음절)

	i---a	i---ao	i---an	i---ang	i---ong
b		biao	bian		
p		piao	pian		
m		miao	mian		
f					

d	dia	diao	dian		
t		tiao	tian		
n		niao	nian	niang	
l	lia	liao	lian	liang	
g					
k					
h					
j	jia	jiao	jian	jiang	jiong
q	qia	qiao	qian	qiang	qiong
x	xia	xiao	xian	xiang	xiong

三拼音节(삼병음절)

	u--a	u--ai	u--an	u--ang	u--o	ü--an
b						
p						
m						
f						
d			duan		duo	
t			tuan		tuo	
n			nuan		nuo	
l			luan		luo	
g	gua	guai	guan	guang	guo	
k	kua	kuai	kuan	kuang	kuo	
h	hua	huai	huan	huang	huo	
j						juan

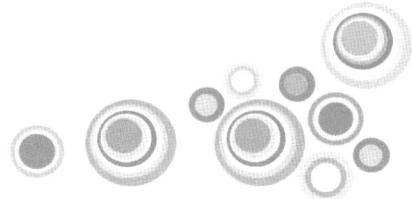

q						quan
x						xuan
z			zuan		zuo	
c			cuan		cuo	
s			suan		suo	
zh	zhua	zhuai	zhuan	zhuang	zhuo	
ch		chuai	chuan	chuang	chuo	
sh	shua	shuai	shuan	shuang	shuo	
r			ruan		ruo	
y						yuan
w						

1.2 발음 연습

1. 성조를 표기하세요.

3성 :　　ya　　　yi　　　lu　　　ren　　　xie　　　huo

4성 :　　yi　　　wu　　　lü　　　hua　　　huan　　　xin

2성 :　　wo　　　yu　　　ye　　　han　　　long　　　yong

2. 발음을 분류하세요.

a　g　u　t　m　e　r　ü　p　i　c　o

운모 _____

_____

성모 _____

3. 같은 발음을 선으로 연결해 보세요.

ü   wu

i   yu

u   yi

4. 발음을 읽고 비교해 보세요.

(1) b   p   d   q

(2) n   m   h   t   f   k

(3) zh   z   ch   c   sh   s

5. 모두 1성으로 표시해 보세요.

iu   ei   ie

ui   ou   uo

ai   you   shou

shuo   shuai   wai

6. 듣는 발음을 고르세요.

(1) iu   ui   in

(2) in   ing   ong

(3) zhi   zh   zi

(4) p   q   d

(5) er   en   ei

(6) yun   yuan   yue

(7) yu   yi   yun

(8) ao   ou   an

(9) e   o   u

(10) r   j   l

(11) si   shi   s

(12) m   n   w

(13) y   l   k

(14) t   n   d

(15) yu   wu   ye

(16) he   me   she

7. 듣는 발음을 고르세요.

번호	A	B	C	D
1	p	b	l	h
2	m	n	h	l
3	b	n	p	m
4	a	ao	o	uo
5	e	en	ie	in
6	i	ie	in	ing
7	bo	po	huo	luo
8	la	le	li	lü
9	pa	pu	pao	po
10	nie	ni	nin	ning
11	ā	á	ǎ	à
12	ī	í	ǐ	ì
13	ēn	én	ěn	èn
14	uō	uó	uǒ	uò
15	ū	ú	ǔ	ù
16	bāo	báo	bǎo	bào
17	pīn	pín	pǐn	pìn
18	nī	ní	nǐ	nì
19	mō	mó	mǒ	mò
20	lǖ	lǘ	lǚ	lǜ

8. 듣는 발음을 고르세요.

번호	A	B	C	D
1	b	p	d	t
2	d	t	g	k
3	p	f	h	l
4	e	ei	ie	en
5	o	uo	ou	ao
6	an	ang	en	eng
7	tiao	diao	biao	piao
8	duo	dou	diu	du
9	gao	gan	kao	kan
10	fen	fei	feng	fang
11	tān	tán	tǎn	tàn
12	dū	dú	dǔ	dù
13	yōu	yóu	yǒu	yòu
14	fēi	féi	fěi	fèi
15	gēng	géng	gěng	gèng
16	kāng	káng	kǎng	kàng
17	liū	liú	liǔ	liù
18	piāo	piáo	piǎo	piào
19	bēi	béi	běi	bèi
20	kān	kán	kǎn	kàn

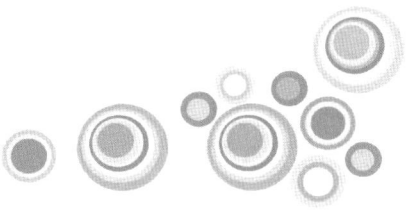

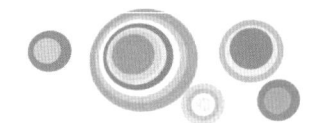

9. 듣는 발음을 고르세요.

번호	A	B	C	D
1	zh	ch	sh	r
2	zh	ch	sh	r
3	g	k	sh	r
4	ao	ai	an	uai
5	ang	eng	ong	an
6	iao	iou	uai	ai
7	zhai	chai	shai	chuai
8	zhuai	chuai	shuai	zhai
9	zhong	chong	zhou	chou
10	reng	rang	ri	ren
11	zhī	zhí	zhǐ	zhì
12	chuāi	chuái	chuǎi	chuài
13	shēng	shéng	shěng	shèng
14	rāo	ráo	rǎo	rào
15	kāi	kái	kǎi	kài
16	tōng	tóng	tǒng	tòng
17	zhān	zhán	zhǎn	zhàn
18	chōng	chóng	chǒng	chòng
19	shuāi	shuái	shuǎi	shuài
20	rū	rú	rǔ	rù

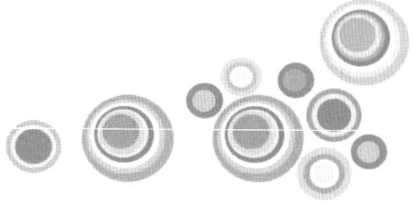

10. 듣는 발음을 고르세요.

번호	A	B	C	D
1	j	q	zh	ch
2	q	sh	x	r
3	j	zh	x	q
4	ia	iao	ian	iang
5	uai	uei	uen	en
6	ü	üe	yi	ie
7	jia	qia	jian	qian
8	que	xue	quan	xuan
9	zhui	chui	zhun	chun
10	chao	xiao	qiang	jie
11	jiā	jiá	jiǎ	jià
12	qiān	qián	qiǎn	qiàn
13	xiāng	xiáng	xiǎng	xiàng
14	juē	jué	juě	juè
15	xuān	xuán	xuǎn	xuàn
16	qiē	qié	qiě	qiè
17	shuī	shuí	shuǐ	shuì
18	chūn	chún	chǔn	chùn
19	zhōng	zhóng	zhǒng	zhòng
20	rēn	rén	rěn	rèn

11. 듣는 발음을 고르세요.

번호	A	B	C	D
1	z	c	zh	ch
2	c	ch	s	sh
3	zh	sh	s	z
4	e	er	en	ei
5	ua	uan	iang	uang
6	ün	un	ong	iong
7	zi	ci	zhi	chi
8	suan	zuan	shuan	zhuan
9	cai	chai	sai	shai
10	jun	jiong	zhuan	zhuang
11	sān	sán	sǎn	sàn
12	sī	sí	sǐ	sì
13	zuān	zuán	zuǎn	zuàn
14	ēr	ér	ěr	èr
15	xiōng	xióng	xiǒng	xiòng
16	guā	guá	guǎ	guà
17	kuāng	kuáng	kuǎng	kuàng
18	jūn	jún	jǔn	jùn
19	cēng	céng	cěng	cèng
20	zāi	zái	zǎi	zài

1.3 발음 연습

1. 성조를 표시하세요.

1성 2성 3성 4성

a   o   ü   i

e   u   a   o

u   a   e   ü

i   e   u   a

o   ü   i   e

ü   i   o   u

2. 운모를 순서대로 써 보세요.

a ( ) e   i u ( )

( ) ei ui   ao ( ) ( )

ie ( ) ( )   an ( ) ( ) un ( )

ang eng ( ) ( )

3. 성모를 순서대로 써 보세요.

b ( ) m f   d t ( ) l

g ( ) h   ( ) q x

zh ( ) sh r   ( ) c s y ( )

4. 성모나 운모를 찾아 그것으로 빈칸을 채워 보세요.

운모 : mǎ ( ) pǐ ( ) nǔ ( ) yù ( ) fā ( )

성모 : wū ( ) ní ( ) tā ( ) lǜ ( ) dé ( )

운모 : mǎng ( ) pǐn ( ) jǔn ( ) yùn ( ) fāng ( )

성모 : yū (　　) nín (　　) tăng (　　) nǔ (　　) déng (　　)

5. 빈칸을 채워 보세요.

dú→(d)＿(ú)　　　　(　　)＿(　　)→nǔ

lǘ→(　　)＿(　　)　　　　(　　)＿(　　)→tù

bǎ→(　　)＿(　　)　　　　(　　)＿(　　)→fó

pí→(　　)＿(　　)　　　　(　　)＿(　　)→nē

k－(　　)－kǎ　　　　　　g－(　　)－gù

k－(　　)－ā－kuā　　　(　　)－u－ǒ－huǒ

g－u－ā－(　　)　　　　g－u－(　　)－guò

b－(　　)→(bái)　　　　q－(　　)→què

x－ún→(　　)　　　　　j－ü－àn→(　　)

l－üè→(　　)　　　　　g－(　　)－ó→guó

(　　)－ín→mín　　　　x－i－ǎo→(　　)

6. 네 개의 성조로 읽어 보세요.

(1) ba pa ma fa da ta na la

(2) ga ka ha zha cha sha za ca sa ya wa

(3) bo po mo fo wo

(4) me de te ne le

(5) ge ke he zhe che she

(6) ze ce se ye

(7) bi pi mi di ti ni li

(8) ji qi xi zhi chi shi ri

(9) zi ci si yi

(10) bu pu mu fu du tu nu lu

7. 운모를 찾아서 빈칸을 채우세요.

kāi ( )   xuě ( )   jú ( )   mǐn ( )

què ( )   jīng ( )   hǔ ( )   jùn ( )

kǒu ( )   zhēng ( ) qǔ ( )   lǜ ( )

cǎo ( )   qiú ( )   zhuō ( )

ruì ( )   xióng ( ) yǎng ( )

8. 네 개의 성조로 읽어 보세요.

(1) gu ku hu zhu chu shu ru

(2) zu cu su wu nü lü ju qu xu yu

(3) bai pai mai dai tai nai lai

(4) gai kai hai zhai chai shai zai cai sai wai

(5) bei pei mei fei dei nei lei

(6) gei kei hei shei zei wei

(7) dui tui gui kui hui zhui chui shui rui zui cui sui

(8) bao pao mao dao tao nao lao gao kao hao

(9) zhao chao shao rao zao cao sao yao

(10) pou mou fou dou tou lou gou kou hou

9. 성조 표시 맞는 것에 'O', 틀린 것에 'X'를 표시하세요.

xié ( )   shǔi ( )   niú ( )   hǔan ( )

xíe ( )   shuǐ ( )   níu ( )   huǎn ( )

què ( )   bái ( )   léi ( )   zhúo ( )

què(　) baí(　) leí(　) zhuō(　)

10. 네 개의 성조로 읽어 보세요.

(1) zhou chou shou rou zou cou sou you

(2) miu diu niu liu jiu qiu xiu

(3) bie pie mie die tie nie lie jie qie xie

(4) nüe lüe jue que xue yue

(5) ban pan man fan dan tan nan lan

(6) gan kan han zhan chan shan zan can san yan wan

(7) ben pen men fen nen gen ken hen

(8) zhen chen shen zen cen sen wen

(9) bin pin min nin lin jin qin xin yin

(10) dun tun lun gun kun hun zhun

11. 아래 발음을 3성으로 표시하세요.

(1) jin   nuan   zuan   yun   hou   mei   kai

(2) dao   duo   tui   pie   zhe   tiao   juan

(3) xue   jiong   fen   ying   qiu   guo

12. 네 개의 성조로 읽어 보세요.

(1) chun shun run zun cun sun

(2) jun qun xun yun

(3) bang pang mang fang dang tang nang lang

(4) gang kang hang zhang chang shang rang

(5) zang cang sang yang wang

(6) beng peng meng feng deng teng neng leng

(7) geng keng heng zheng cheng sheng reng

(8) zeng ceng seng weng

(9) bing ping ming ding ting ning ling jing qing xing ying

(10) dong tong nong long gong kong hong

13. 녹음을 듣고 두 개의 발음에서 하나를 고르세요.

(án áng)   (iù uì)   (l n)

y_____   l_____   _____iǎng

羊   六   两

(ǔn ún)   (f t)   (iàn iàng)

y_____   _____ēng   j_____

云   风   见

14. 큰 소리로 읽어 보세요.

(1) iu ui un ün ia ai ie ei

(2) she gei song wai wei tui

(3) run ran can san cuan suan shuan

(4) tie die lie xie jie jue qie xue

(5) xia jia qia qie xie xue

(6) man men women tuo chuo

15. 네 개의 성조로 읽어 보세요.

(1) zhong chong rong zong cong song yong

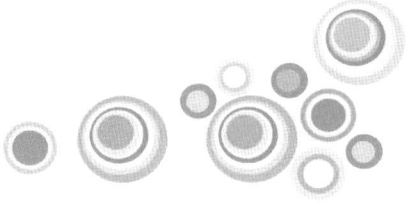

(2) dia   lia jia qia xia

(3) biao piao miao diao tiao niao liao jiao qiao xiao

(4) bian pian mian dian tian nian lian jian qian xian

(5) niang   liang jiang   qiang   xiang

(6) jiong   qiong   xiong

(7) gua   kua   hua zhua shua

(8) guai   kuai   huai zhuai chuai shuai

(9) duan tuan nuan luan guan kuan huan

(10) zhuan chuan shuan ruan zuan cuan   suan

(11) guang   kuang   huang   zhuang   chuang   shuang

(12) duo tuo nuo luo guo kuo huo

(13) zhuo chuo shuo ruo zuo cuo suo

(14) juan quan xuan yuan

1.4 발음 연습

1. 큰 소리로 읽어 보세요.

(1) ē   ò   ú   à   é   ú   ǔ   ǔ   ā   ī

(2) ó   ǘ   ò   ǐ   ō   ú   ē   ǒ   à   ū

(3) ù   ǘ   à   í   ō   ū   ǐ   ǒ   à   ě

(4) á   è   ū   ǐ   ì   ě   ì   ō   à   ú

2. 듣는 발음을 찾으세요.

　　从前, 有一个/年老的/国王, 他给/城里的/每一个孩子/都发了/一粒花种。他/对孩子们说: "你们当中, 谁种的花/最美, 我就让谁/当国王。"

　　Cóng qián, yǒu yí gè / nián lǎo de / guó wáng, tā gěi / chéng lǐ de/ měi yí gè hái zi /

 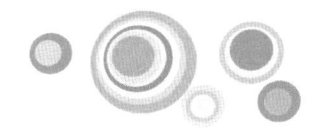

dōu fā le / yí lì huā zhǒng, tā / duì hái zi men / shuō:"Nǐ men / dāng zhōng, shuí zhòng de huā / zuì měi, wǒ jiù / ràng shuí / dāng guó wáng"

발음1:
발음2:
발음3:
발음4:

3. 듣는 발음을 찾으세요.

　　有个孩子把种子种在花盆里，天天浇水，但花盆里什么也没有长出来。到了送花的日子，别的孩子都送去了美丽的鲜花，但这个孩子送去的只是一个空花盆。

　　Yǒu gè hái zi / bǎ zhǒng zi / zhòng zài / huā pén lǐ, tiān tiān / jiāo shuǐ, dàn / huā pén lǐ / shén me yě / méi yǒu / zhǎng chū lái. Dào le / sòng huā de rì zi, bié de hái zi / dōu sòng qù le / měi lì de / xiān huā, dàn / zhè ge hái zi / sòng qù de /zhǐ shì / yí gè kōng huā pén.

발음1:
발음2:
발음3:
발음4:

4. 듣는 발음을 찾으세요.

　　国王问他："你种的花呢？"孩子流着眼泪说："我的花种什么都没长出来。"国王笑着说："你是个诚实的孩子，就让你当新国王吧。"原来，国王发的花种都是煮熟了的。

　　Guó wáng / wèn tā:"Nǐ zhòng de / huā ne?" Hái zi / liú zhe yǎn lèi / shuō:"Wǒ de huā zhǒng / shén me dōu / méi zhǎng chū lái." Guó wáng / xiào zhe shuō: "Nǐ shì ge / chéng shí de / hái zi, jiù ràng / nǐ dāng / xīn guó wáng ba." Yuán lái, guó wáng / fā de huā zhǒng / dōu shì / zhǔ shú le de.

발음1:
발음2:
발음3:
발음4:

5. 중국어 낭독하기

　　중국어에서 쉼표와 마침표등 표점 외에 띄어 쓰기가 없습니다. 하지만 띄어 읽기는

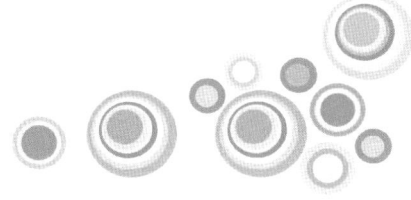

있습니다. 쉼표와 마침표 등 표점 있는 부분에 확실히 끊어 읽어야 합니다. 그러나 표점 없을 때 문장 전체의 구절을 판단해서 끊어 읽어야 합니다. 낭독할 때 책 읽는 듯이 물 흘리는 듯이 자연스럽게 말의 억양, 속도, 감정 등 느낌을 살려서 생동감 있게 읽어야 합니다. 2-4 번의 이야기를 연결해서 낭독해 보세요.

6. 듣는 발음을 찾으세요.

1. 我多么想每天都见到你啊！

Wǒ duō me xiǎng měi tiān dōu jiàn dào nǐ a!

당신을 매일 봤으면 좋겠습니다.

답:＿＿＿＿＿＿＿＿＿＿＿＿＿＿

2. 她虽然个子矮，但跑得很快。

Tā suī rán gè zi ǎi, dàn pǎo de hěn kuài.

그녀는 비록 키가 작지만 매우 빨리 뜁니다.

답:＿＿＿＿＿＿＿＿＿＿＿＿＿＿

3. 我有很多爱好，游泳、看电影什么的，都喜欢。

Wǒ yǒu hěn duō ài hào, yóu yǒng, kàn diàn yǐng shén me de, dōu xǐ huān.

저는 취미가 매우 많습니다. 수영, 영화 등 모두 좋아합니다.

답:＿＿＿＿＿＿＿＿＿＿＿＿＿＿

4. 你好久没跟我联系了。

Nǐ hǎo jiǔ méi gēn wǒ lián xì le

당신은 아주 오랫동안 저와 연락하지 않으셨습니다.

답:＿＿＿＿＿＿＿＿＿＿＿＿＿＿

7. 듣는 발음을 채우세요.

1. 这个箱子你搬得动搬不动？ Zhè ge xiāng zi nǐ bān de dòng＿＿＿＿＿bú dòng?

이 상자를 옮길 수 있습니까 없습니까?

2. 我要这个。 Wǒ yào zhè____

저는 이것을 사려고 합니다.

3. 北京是中国的首都。 Běi jīng shì zhōng guó _____ shǒu dū.

베이징은 중국의 수도입니다.

4. 我们比赛吧。 Wǒ men bǐ sài _____ .

우리 시합해 봅시다.

5. 她性格内向。 _____xìng gé nèi xiàng.

그녀의 성격은 내향적입니다.

6. 他学过做菜。 Tā xué guò z____ cài

그는 요리를 배운 적이 있습니다.

8. 녹음을 듣고 성조를 표시하세요.

No.	중국어	발음	한글
1	爱	ai	사랑하다
2	八	ba	팔
3	爸爸	ba ba	아빠
4	北京	Bei jing	북경
5	杯子	bei zi	컵
6	本	ben	(양사) 권
7	不	bu	부정부사
8	不客气	bu ke qi	천만에요
9	菜	cai	요리
10	茶	cha	마실 차

9. 녹음을 듣고 성모를 표시하세요.

No.	중국어	발음	한글
1	吃	____ī	먹다
2	出租车	____ū zū chē	택시
3	大	____à	크다
4	打电话	dǎ____iàn____uà	전화를 걸다
5	的	____e	의
6	点	____iǎn	(시간) 시
7	电脑	diàn____ǎo	컴퓨터
8	电视	diàn____ì	텔레비전
9	电影	diàn____ǐng	영화
10	东西	dōng____i	물건

10. 녹음을 듣고 운모를 표시하세요.

No.	중국어	발음	한글
1	都	dō__	모두
2	对不起	duì b____ qǐ	미안합니다
3	多	d____ō	많다
4	多少	d____ō shao	몇, 얼마
5	二	è____	이
6	儿子	ér z____	아들
7	饭馆	fàn g__ǎn	식당
8	飞机	fē__ jī	비행기
9	分钟	fēn zh____ng	(시간) 분

제 2과 수업 상용 중국어

这是什么？

zhè shì shén me ?　　이것이 무엇이에요?

什么意思？

shén me yì si?　　이게 무슨 뜻이에요?

非常好！

fēi cháng hǎo!　　엄청 잘 했어요!

很好。

hěn hǎo.　　아주 잘 했어요.

对。

duì.　　맞아요.

下一个。

xià yí gè.　　다음 것 (해 보세요)~

读

Dú　　읽다

一起

yì qǐ　　같이

读一下。

dú yí xià.　　한번 읽어 보세요.

跟我读一下。

gēn wǒ dú yí xià.　　따라 읽어 보세요.

再读一遍。

zài dú yí biàn.   다시 읽어 보세요.

| yī | èr | sān | sì | wǔ | liù | qī | bā | jiǔ | shí |
| 一 | 二 | 三 | 四 | 五 | 六 | 七 | 八 | 九 | 十 |

第一个

Dì yī gè   첫 번째

这个呢？

Zhè gè ne?   이것은?

第六个呢？

Dì liù gè ne?   여섯 번째는?

看一下。

Kàn yí xià.   한번 봅시다.

好了吗？

Hǎo le ma?   다 됐어요?

好了。

Hǎo le.   다 다됐어요./다 했어요.

还没好。

Hái méi hǎo.   아직예요.

准备好了吗？

Zhǔn bèi hǎo le ma?   준비 다 했어요?

准备好了。

Zhǔn bèi hǎo le.   준비 다 했어요.

还没有。

Hái méi yǒu.   아직 다 못 했어요.

제3과 인사

一 만날 때와 헤어질 때

1. 회화

A : 你好！

　nǐ hǎo!

　안녕하세요!

B : 你好！

　nǐ hǎo!

　안녕하세요!

A : 再见！

　zài jiàn!

　안녕히 계세요 / 안녕히 가세요.

B : 再见！

　zài jiàn!

　안녕히 계세요 / 안녕히 가세요.

2. 단어

한자	병음	뜻
你	nǐ	너, 당신
好	hǎo	좋다, 안녕하다
再	zài	또, 다시
见	jiàn	보다, 만나다

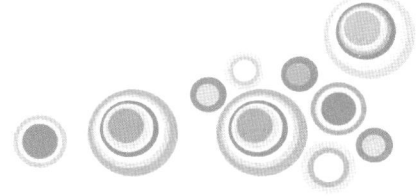

3. 부수

한자	부수		
你	亻 사람 인	尔 너 이	
好	女 여자 녀	子 아들 자	
再	冂 멀 경	玉(王) 구슬 옥	
见	见 볼 견		

4. 문법

(1) 주어+好 = ~는 안녕하다

你好!　　nǐ hǎo　　　　안녕!

爸爸好! bà ba hǎo　　아빠 안녕!

妈妈好! mā ma hǎo　　엄마 안녕!

(2) 好+명사 = 좋은~

好爸爸 hǎo bà ba　　　좋은 아빠

好妈妈 hǎo mā ma　　　좋은 엄마

5. 연습 문제

(1) 아래 문장의 병음과 뜻을 써 보세요.

중국어	병음	뜻
你好		
再见		
爸爸好		
妈妈好		
好爸爸		

好妈妈		

(2) 녹음에서 나오는 발음을 순서대로 적어 보세요.

발음
nǐ   lǐ   gǎo   zài   jiàn   hǎo   qiàn   xuǎn   shài

(3) 녹음에서 나오는 발음을 체크하세요.

No.	A	B	C	D
1	niā	niá	niǎ	nià
2	xiān	xián	xiǎn	xiàn
3	qiāng	qiáng	qiǎng	qiàng
4	quē	qué	quě	què
5	huān	huán	huǎn	huàn
6	xiē	xié	xiě	xiè
7	suī	suí	suǐ	suì
8	cūn	cún	cǔn	cùn
9	hōng	hóng	hǒng	hòng
10	rēn	rén	rěn	rèn

(4) 녹음을 듣고 병음을 완성하세요.

1　　n___　　　　　　　5　　___ǎo

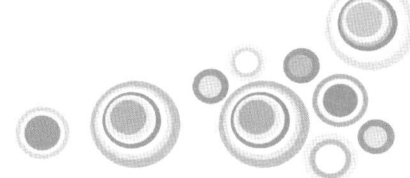

2	___ān	6	___n
3	q___	7	___ǎng
4	___uē	8	___ě

二. 사과할 때와 감사할 때

1. 회화

A : 谢谢!

　　xiè xie

　　감사해요.

B : 不客气。

　　bú kè qi

　　별말씀을요.

A : 对不起!

　　duì bu qǐ

　　미안해요.

B : 没关系。

　　méi guān xi

　　괜찮아요.

2. 단어

한자	병음	뜻
谢	xiè	고맙다, 감사하다
不	bú/bù	부정형, 아니다
客气	kè qi	예의 바르다

对	duì	맞은 편, 맞다
起	qǐ	일어나다
没	méi	없다, 안 했다
关系	guān xi	관계

3. 부수

한자	부수		
谢	讠(言)말씀 언	身 몸 신	寸 마디 촌
客	宀 집 면	各 각각 각	
对	又 또 우	寸 마디 촌	
起	走 달아날 주	己 몸 기	

4. 문법

(1) 谢谢 : 감사하다

谢 = 言(讠)+身+寸 = 말씀 언 + 몸 신 + 마디 촌

我谢谢你。	나는 당신에게 고맙다.
我谢谢爸爸。	나는 아빠에게 고맙다.
我谢谢妈妈。	나는 엄마에게 고맙다.
爸爸谢谢妈妈。	아빠는 엄마에게 고맙다.

(2) 不: 부정형

不+형용사/동사=~하지 않다; 안 ~하다

爸爸不好。	아빠는 안 좋다.
妈妈不好。	엄마는 안 좋다.

不对。	맞지 않다.
不谢。	고맙지 않아도 된다.
不好。	안 좋다.
不见。	안 만나다.
我不见爸爸。	나는 아빠를 안 만난다.
我不见妈妈。	나는 엄마를 안 만난다.
爸爸不见妈妈。	아빠는 엄마를 안 만난다.
你不见我。	당신은 나를 안 만난다.
我不见你。	나는 당신을 안 만난다.

5. 연습 문제

(1) 아래 중국어의 병음과 뜻을 써 보세요.

중국어	병음	뜻
谢谢		
不客气		
对不起		
没关系		
谢谢你		
谢谢爸爸		
谢谢妈妈		
我谢谢你		
我谢谢爸爸		
不好		
不见		
不见你		
我不见你		

你不见我		
爸爸不见妈妈		
我不见妈妈		
我不见爸爸		
不谢		

(2) 녹음에서 나오는 발음을 순서대로 적어 보세요.

발음
xǐ   xǐng   guǎn   xiàn   màn   mǎo   qiàn   wén   xié

(3) 녹음에서 나오는 발음을 체크하세요.

No.	A	B	C	D
1	xiān	sán	shǎn	sàn
2	shī	sí	shǐ	chì
3	zuān	zhuán	zuǎn	cuàn
4	ēr	xié	ěr	èr
5	xiōng	qióng	xiǒng	qiòng
6	guā	guái	guǎ	guài
7	kuān	kuáng	guǎng	chuàng
8	jūn	qún	lǔn	xùn
9	sēng	céng	chěng	cèng
10	zhāi	bái	cǎi	zhài

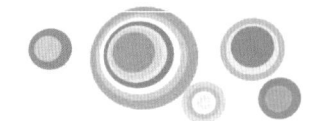

(4) 녹음을 듣고 발음을 완성하세요.

1	d____	5	____ú
2	____ān	6	____ng
3	x____	7	____ǎn
4	____iē	8	____ěng

(5) 녹음을 듣고 발음을 완성하세요.

No.	한자	병음	의미
1	个	g____	개, (사람)명
2	工作	gōng____	일하다/직업
3	狗	____ǒu	(동물) 개
4	汉语	____nyǔ	중국어
5	好	hǎ____	좋다
6	和	h____	~와,과,하고
7	喝	h____	마시다
8	很	____ěn	매우, 대단히
9	后面	hòu____iàn	뒤, 뒷부분
10	回	h____í	돌아오다

6. 읽기 연습

狼来了

　　从前，有一个放羊娃，他很喜欢说谎。

　　一天，他在山上放羊的时候，忽然觉得很无聊，就朝山下大喊："狼来了，狼来了，救命啊。"山下的村民们听了，马上往山上跑，他们一边跑一边喊："别害怕，我们来帮你。"

可是村民到山上一看，连狼的影子都没有。只有放羊娃在哈哈大笑。村民们很生气。

过了几天，放羊娃又突然喊道："不好了，狼来了。"这次村民们又相信了他的话，跑到山上来帮他，可还是没有看见狼。放羊娃笑道："哈哈哈，真好玩儿。"村民们知道后，更生气了。

后来，有一天，狼真的来了，放羊娃很害怕，一边跑一边喊："救命啊，狼来了。"但大家以为他又在说谎，谁也没跑上来。结果，他的很多羊都被狼咬死了。

这个故事告诉我们，要做一个诚实的人。

Láng láile

Cóng qián, yǒu yí gè fàng yáng wá, tā hěn xǐ huan shuō huǎng. Yì tiān, tā zài shān shàng fàng yáng de shí hou, hū rán jué de hěn wú liáo, jiù cháo shān xià dà hǎn:"Láng lái le, láng lái le, jiù mìng a." Shān xià de cūn mín men tīng le, mǎ shàng wǎng shān shàng pǎo, tā men yì biān pǎo yì biān hǎn:"Bié hài pà, wǒ men lái bāng nǐ."

Kě shì cūn mín dào shān shàng yí kàn, lián láng de yǐng zi dōu méi yǒu. Zhǐ yǒu fàng yáng wá zài hā hā dà xiào. Cūn mín men hěn shēng qì.

Guò le jǐ tiān, fàng yáng wá yòu tū rán hǎn dào:"Bù hǎo le, láng lái le." Zhè cì cūn mín men yòu xiāng xìn le tā de huà, pǎo dào shān shàng lái bāng tā, kě hái shì méi yǒu kàn jiàn láng. Fàng yáng wá xiào dào:"Hā hā hā, zhēn hǎo wánr." Cūn mín men zhī dào hòu, gèng shēng qì le.

Hòu lái, yǒu yì tiān, láng zhēn de lái le, fàng yáng wá hěn hài pà, yì biān pǎo yì biān hǎn:"Jiù mìng a, láng lái le." Dàn dà jiā yǐ wéi tā yòu zài shuō huǎng, shuí yě méi pǎo shàng lái. Jié guǒ, tā de hěn duō yáng dōu bèi láng yǎo sǐ le.

Zhè ge gù shi gào su wǒ men, yào zuò yí gè chéng shí de rén.

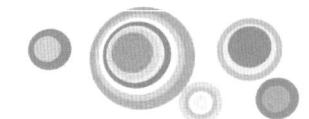

제4과 건강

一 건강

1. 회화

A : 你身体好吗?

　　Nǐ shēn tǐ hǎo ma?

　　당신은 건강하세요?

B : 我身体很好。

　　Wǒ shēn tǐ hěn hǎo.

　　저는 건강해요.

A : 你家人身体好吗?

　　Nǐ jiā rén shēn tǐ hǎo ma?

　　당신의 가족은 건강하세요?

B : 他们身体都很好。

　　Tā men shēn tǐ dōu hěn hǎo.

　　그들은 모두 건강해요.

2. 단어

한자	병음	뜻
身体	shēn tǐ	신체, 건강
吗	ma	의문형, ~합니까?
我	wǒ	나, 저
很	hěn	아주, 매우

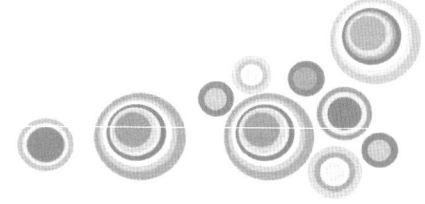

家人	jiā rén	가족
他	tā	그, 그 사람
们	men	들, 복수형
都	dōu	모두, 다

3. 부수

한자	부수	
身	身 몸 신	
体	亻사람 인	本 근본 본
很	彳걸을 척	艮 머무를 간
家	宀 집 면	豕 돼지 시
吗	口 입 구	马 말 마
们	亻사람 인	门（門）문 문
都	者 놈 자	阝（邑）고을 읍

4. 문법

(1) 서술형   주어+술어

爸爸，你好。

妈妈，你好。

我很好。

大家都很好。

(2) 의문형   ~吗 ma = ?

你好吗？

爸爸，你好吗？

妈妈，你好吗？

爷爷奶奶都好吗？

你忙吗？

你累吗？

(3) 부정형　不 bù+술어

爸爸不好。

妈妈不好。

我不忙。

他身体不好。

我不困。

我不累。

(4) 정반의문형　술어+不 bù+술어

你好不好？

爸爸好不好？

妈妈好不好？

爷爷奶奶身体好不好？

你困不困？

你累不累？

(5) 身体　건강, 신체

身体好。

我身体好。

身体很好。

我身体很好。

身体好不好？

身体好吗？

我身体不好。

她们身体也很好。

(6) 都　모두, 다

家人很好。

家人都很好。

我家人都很好。

我家人都不好。

你家人都好吗？

他家人都好吗？

他家人都很好。

我家人也都好吗？

她们身体都很好。

我们都谢谢妈妈。

5. 연습 문제

(1) 문장의 병음과 뜻을 써 보세요.

중국어	병음	뜻
你身体好吗?		
我身体很好。		
你家人身体好吗?		
他们身体都很好。		
你好吗?		
你爸爸好吗?		
你妈妈好吗?		
你爸爸身体好吗?		
你妈妈身体好吗?		
他们身体都好吗?		
你们身体都好吗?		
我们		
你们		
他们		
爸爸们		
妈妈们		
人们		
他们都谢谢你。		
我们都谢谢你。		
他们都好。		
他们都不好。		
我们都好。		
我们都不好。		

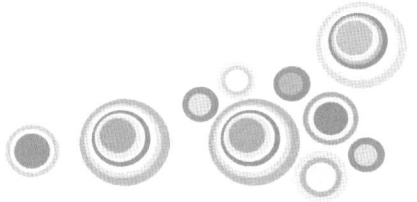

他们身体都好。		
他们身体都不好。		
他们都对。		
他们都不对。		
你们都不对。		
你们都对。		
他们都对不对？		
他们都对吗？		
他们都好不好？		
你们都好不好？		
他们都谢谢我吗？		
我们都谢谢妈妈。		
爸爸们都谢谢妈妈们。		
家人好。		
家人都好。		
我家人都好。		
我家人都不好。		
你家人都好吗？		
你家人都好不好？		
他家人都好不好？		
我家人都好不好？		
我谢谢家人。		
我谢谢你家人。		
你家人都好不好？		

(2) 녹음을 듣고 발음을 완성하세요.

No.	한자	병음	의미
1	会	h____ì	~할 줄 안다
2	火车站	huǒ ch____zhàn	기차역
3	几	j____	몇(10이하)
4	家	____iā	집
5	叫	j____ào	외치다, 부르다
6	今天	jī____tiān	오늘
7	九	ji____	아홉, 9
8	开	kā____	열다, 켜다
9	看	kà____	보다
10	看见	kàn____àn	보이다

二. 가족

1. 회화

A : 你好吗?

　　Nǐ hǎo ma?

　　당신은 잘 지내세요?

B : 我很好。你呢?

　　Wǒ hěn hǎo. Nǐ ne?

　　저는 잘 지내요. 당신은요?

A : 我也很好。

　　Wǒ yě hěn hǎo.

　　저도 잘 지내요.

B: 你爷爷好吗？你奶奶好吗？你爸爸好吗？你妈妈好吗？

Nǐ yé ye hǎo ma? Nǐ nǎi nai hǎo ma? Nǐ bà ba hǎo ma? Nǐ mā ma hǎo ma?

당신의 할아버지/할머니/아빠/엄마는 잘 지내세요?

你哥哥好吗？你姐姐好吗？你弟弟好吗？你妹妹好吗？

Nǐ gē ge hǎo ma? Nǐ jiě jie hǎo ma? Nǐ dì di hǎo ma? Nǐ mèi mei hǎo ma?

당신의 형(오빠)/누나(언니)/남동생/여동생은 잘 지내세요?

A: 他也很好。/她也很好。

Tā yě hěn hǎo./Tā yě hěn hǎo.

그/그녀도 잘 지내세요.

2. 단어

한자	병음	뜻
呢	ne	~는?
也	yě	도
爷爷	yé ye	할아버지
奶奶	nǎi nai	할머니
爸爸	bà ba	아빠
妈妈	mā ma	엄마
哥哥	gē ge	오빠, 형
姐姐	jiě jie	언니, 누나
弟弟	dì di	남동생
妹妹	mèi mei	여동생
她	tā	그녀, 그 여자

3. 부수

한자	부수	
妈	女 여자 녀	马 말 마
爸	父 아비 부	巴 꼬리 파
爷	父 아비 부	卩 병부 절
奶	女 여자 녀	乃 이에 내
哥	可 더할 가	可 더할 가
姐	女 여자 녀	且 또 차
妹	女 여자 녀	未 아닐 미
弟	弟 아우 제	

4. 문법

(1) 呢? : ~는?

보통 명사 뒤에 붙여서 사용한다. = how about....?

你呢?	너는?
你爸爸呢?	니 아빠는?
你妈妈呢?	니 엄마는?
我呢?	나는?
我们呢?	우리는?
她们呢?	그녀들은?
你家人呢?	니 가족은?
我爸爸呢?	내 아빠는?
我妈妈呢?	내 엄마는?

(2) 也 : 도

보통 주어 뒤에 붙여서 사용한다. = also

구별: 他 tā 그   她 tā 그녀

爸爸也很好。   아빠도 잘 지내세요.

妈妈也很好。   엄마도 잘 지내세요.

我也很好。   저도 잘 지내요.

(3) 你爷爷 : 당신의 할아버지

'의'에 해당하는 단어는 여기에서 생략해도 된다.

我爸爸   저의 아빠

我妈妈   저의 엄마

你爷爷   당신의 할아버지

他弟弟   그의 남동생

(4) 인칭대명사

我 wǒ   나, 저

你 nǐ   너, 당신

他 tā   그, 그 남자, 그 사람

她 tā   그녀, 그 여자

我们 wǒ men   저희들, 우리들

你们 nǐ men   너희들, 당신들

他们 tā men   그들, 그 남자들, 그 사람들

她们 tā men   그녀들, 그 여자들

5. 연습 문제

(1) 문장의 병음과 뜻을 써 보세요.

중국어	병음	뜻
你爷爷		
我爸爸		
你爸爸		
他妈妈		
你爷爷好吗？		
爷爷好！		
你奶奶好吗？		
奶奶好！		
你爷爷身体好吗？		
你奶奶身体好吗？		
哥哥好！		
哥哥好吗？		
哥哥不好。		
哥哥好不好？		
哥哥身体好吗？		
哥哥身体很好。		
哥哥身体也很好。		
哥哥们身体也很好。		
哥哥们身体都很好。		
哥哥们身体也都很好。		
姐姐好！		
姐姐好吗？		
姐姐不好。		

姐姐好不好？		
姐姐身体好吗？		
姐姐身体很好。		
姐姐身体也很好。		
姐姐们身体也很好。		
姐姐们身体都很好。		
姐姐们身体也都很好。		
弟弟好！		
弟弟好吗？		
弟弟不好。		
弟弟好不好？		
弟弟身体好吗？		
弟弟身体很好。		
弟弟身体也很好。		
弟弟们身体也很好。		
弟弟们身体都很好。		
弟弟们身体也都很好。		
妹妹好！		
妹妹好吗？		
妹妹不好。		
妹妹好不好？		
妹妹身体好吗？		
妹妹身体很好。		
妹妹身体也很好。		

妹妹们身体也很好。	
妹妹们身体都很好。	
妹妹们身体也都很好。	
我谢谢你哥哥。	
他谢谢我姐姐。	

(2) 녹음을 듣고 발음을 완성하세요.

No.	한자	병음	의미
1	块	kuà____	조각, 덩이, 위안
2	来	lá____	오다
3	老师	lǎ____shī	선생님
4	了	l____	(과거) ....했다
5	冷	____ěng	춥다
6	里	____ǐ	안
7	零	lí____	영, 0
8	六	l____ù	육, 6
9	吗	m____	(의문) ....합니까?
10	读	____ú	읽다

三. 근황을 물을 때

1. 회화

A : 你忙吗? / 你忙不忙?

  Nǐ máng ma? / Nǐ máng bù máng?

  당신은 바쁘세요?

B: 我很忙。／我不忙。／我不太忙。

Wǒ hěn máng. / Wǒ bù máng. / Wǒ bú tài máng.

저는 아주 바빠요/전 안 바빠요/전 별로 안 바빠요.

A: 你累吗?／你累不累?

Nǐ lèi ma? / Nǐ lèi bú lèi?

당신은 힘드세요?

B: 我很累。／我不累。／我不太累。

Wǒ hěn lèi. / Wǒ bú lèi. / Wǒ bú tài lèi.

저는 아주 힘들어요. / 저는 안 힘들어요. / 저는 별로 안 힘들어요.

A: 你困吗?／你困不困?

Nǐ kùn ma? / Nǐ kùn bú kùn?

당신은 졸리세요?

B: 我很困。／我不困。／我不太困。

Wǒ hěn kùn. / Wǒ bú kùn. / Wǒ bú tài kùn.

저는 아주 졸려요. / 저는 안 졸려요. / 저는 별로 안 졸려요.

A: 你饿吗?／你饿不饿?

Nǐ è ma? / Nǐ è bú è?

당신은 배 고프세요?

B: 我很饿。／我不饿。／我不太饿。

Wǒ hěn è. / Wǒ bú è. / Wǒ bú tài è.

저는 배 고파요. / 저는 안 배 고파요. / 저는 별로 안 배 고파요.

2. 단어

한자	병음	뜻
忙	máng	바쁘다

不太	bú tài	별로~하지 않다
累	lèi	피곤하다, 힘들다
困	kùn	졸리다
饿	è	배 고프다

3. 부수

한자	부수	
忙	忄 마음 심	亡 망할 망
累	田 밭 전	糹 실 사
困	囗 둘러싸일 위	木 나무 목
饿	饣(食) 밥 식	我 나 아
太	太 클 태	
不	不 아닐 부	

4. 문법

(1) 형용사술어문

형용사(구)가 술어가 된다.

我好。　　　　　　　　　　我很忙。

我很好。　　　　　　　　　我累。

我不好。　　　　　　　　　我很累。

我忙。　　　　　　　　　　我很饿。

我不忙。　　　　　　　　　我很困。

(2) 不太：별로 ~안 하다, 그다지 ~안 하다

자주 형용사 앞에 사용한다.

我不太好。

他身体不太好。

他不太忙。

她不太累。

爷爷身体不太好。

我不太饿。

爸爸不太困。

哥哥不太忙。

姐姐们都不太饿。

我也不太饿。

5. 연습 문제

(1) 문장의 병음과 뜻을 써 보세요.

중국어	병음	뜻
你忙吗?		
你忙不忙?		
我很忙。		
我不忙。		
我不太忙。		
你累吗?		
你累不累?		
我很累。		
我不累。		
我不太累。		
你饿吗?		
你饿不饿?		
我很饿。		
我不饿。		

我不太饿。		
你困吗?		
你困不困?		
我很困。		
我不困。		
我不太困。		
你爸爸忙吗?		
你爸爸忙不忙?		
我爸爸很忙。		
我爸爸不忙。		
我爸爸不太忙。		
你妈妈忙吗?		
你妈妈忙不忙?		
我妈妈很忙。		
我妈妈不忙。		
我妈妈不太忙。		
你哥哥忙吗?		
你哥哥忙不忙?		
我哥哥很忙。		
我哥哥不忙。		
我哥哥不太忙。		
你姐姐忙吗?		
你姐姐忙不忙?		
我姐姐很忙。		

 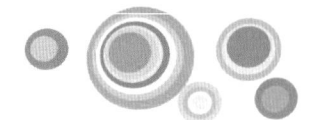

我姐姐不忙。		
我姐姐不太忙。		
你弟弟忙吗？		
你弟弟忙不忙？		
我弟弟很忙。		
我弟弟不忙。		
我弟弟不太忙。		
你妹妹忙吗？		
你妹妹忙不忙？		
我妹妹很忙。		
我妹妹不忙。		
我妹妹不太忙。		
爸爸们都不忙。		
爸爸们都不太忙。		
爸爸们都很忙。		
爸爸们也很忙。		
爸爸们也都不忙。		
爸爸们也都不太忙。		
爸爸们也都很忙。		
爸爸们都忙不忙？		
爸爸们都忙吗？		
妈妈们都不忙。		
妈妈们都不太忙。		
妈妈们都很忙。		

妈妈们也很忙。		
妈妈们也都不忙。		
妈妈们也都不太忙。		
妈妈们也都很忙。		
妈妈们都忙不忙？		
妈妈们都忙吗？		

(2) 녹음에서 나오는 발음을 써 보세요

1	_____	5	_____
2	_____	6	_____
3	_____	7	_____
4	_____	8	_____

(3) 녹음을 듣고 발음을 완성하세요.

No.	한자	병음	의미
1	买	mǎ____	사다
2	妈妈	____ā ma	엄마
3	猫	m____o	고양이
4	没	mé____	없다/~않았다
5	没关系	méi____uān xi	괜찮다
6	米饭	mǐ____àn	쌀밥
7	明天	m____tiān	내일
8	名字	míng____	이름
9	那	n____	저것

| 10 | 哪 | ____ǎ | 어느 |

6. 자유회화

(1) 你爷爷好吗？

(2) 你奶奶好吗？

(3) 你好吗？

(4) 你爸爸好吗？

(5) 你妈妈好吗？

(6) 你哥哥好吗？

(7) 你姐姐好吗？

(8) 你弟弟好吗？

(9) 你妹妹好吗？

(10) 你爸爸身体好吗？

(11) 你妈妈身体好吗？

(12) 你爷爷身体好吗？

(13) 你奶奶身体好吗？

(14) 你家人身体好吗？

(15) 你身体好吗？

(16) 你家人都好不好？

(17) 你忙吗？

(18) 你累吗？

(19) 你饿不饿？

(20) 你困不困？

(21) 你爸爸忙不忙？

(22) 你妈妈忙不忙？

(23) 你哥哥忙吗？

(24) 你弟弟忙吗？

(25) 你姐姐忙吗？

(26) 你妹妹忙吗？

(27) 你爸爸累不累？

(28) 你妈妈累不累？

(29) 你哥哥累不累？

(30) 你姐姐累不累？

(31) 你弟弟累不累？

(32) 你妹妹累不累？

(33) 韩国妈妈们都忙吗？

(34) 韩国爸爸们都忙吗？

(35) 你家人都忙吗？

7. 읽기 연습

望梅止渴

有一年夏天，曹操带着军队往前走。他的军队已经走了很多天了，非常累。

可是天气非常热，热得不能呼吸。到了中午，很多人都晕倒了，行军的速度也慢下来。曹操看行军的速度越来越慢，心里很着急。可是，几万人马连水都喝不上，又怎么能加快速度呢？

他立刻叫来向导，悄悄问他，"这附近有水源吗？"向导摇头说："水在山的那一边，还要走很远。"曹操想了一下，说："不行，我们没有时间了。"他看了看前边的树林，想了一会儿，对向导说："你什么也别说，我来想办法。"

他指着前面对大家说："我知道前面有一大片梅林，那里的梅子又大又好吃，我们再坚持

一下，过了这个山就到梅林了。"

士兵们一听，非常高兴，嘴里都流出了口水，忽然觉得不累了。大家鼓足力气向前赶去，终于到达了前方有水的地方。

Wàng méi zhǐ kě

Yǒu yì nián xià tiān, cáo cāo dài zhe jūn duì wǎng qián zǒu. Tā de jūn duì yǐ jīng zǒu le hěn duō tiān le, fēi cháng lèi.

Kě shì tiān qì fēi cháng rè, rè de bù néng hū xī. Dào le zhōng wǔ, hěn duō rén dōu yūn dǎo le, xíng jūn de sù dù yě màn xià lái. Cáo cāo kàn xíng jūn de sù dù yuè lái yuè màn, xīn li hěn zháo jí. Kě shì, jǐ wàn rén mǎ lián shuǐ dōu hē bú shàng, yòu zěn me néng jiā kuài sù dù ne?

Tā lì kè jiào lái xiàng dǎo, qiāo qiāo wèn tā,"zhè fù jìn yǒu shuǐ yuán ma?" Xiàng dǎo yáo tóu shuō:"Shuǐ zài shān de nà yì biān, hái yào zǒu hěn yuǎn." Cáo cāo xiǎng le yí xià, shuō:"Bù xíng, wǒ men méi yǒu shí jiān le." Tā kàn le kàn qián bian de shù lín, xiǎng le yí huìr, duì xiàng dǎo shuō:"Nǐ shén me yě bié shuō, wǒ lái xiǎng bàn fǎ."

Tā zhǐ zhe qián miàn duì dà jiā shuō:"Wǒ zhī dào qián miàn yǒu yí dà piàn méi lín, nà li de méi zi yòu dà yòu hǎo chī, wǒ men zài jiān chí yí xià. Guò le zhè ge shān jiù dào méi lín le."

Shì bīng men yì tīng, fēi cháng gāo xìng, zuǐ li dōu liú chū le kǒu shuǐ, hū rán jué de bú lèi le. Dà jiā gǔ zú lì qi xiàng qián gǎn qù, zhōng yú dào dá le qián fāng yǒu shuǐ de dì fāng.

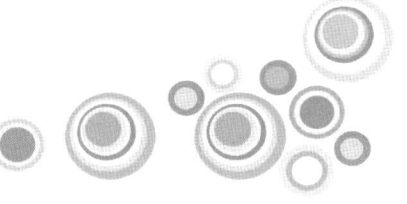

제5과 소개

一 이름 물어 보기

1. 회화

A : 您贵姓?

　　Nín guì xìng?

　　당신의 성씨는 어떻게 되세요?

B : 我姓张。

　　Wǒ xìng zhāng.

　　제 성은 장씨이에요.

A : 你叫什么名字?

　　Nǐ jiào shén me míng zì?

　　당신의 성함은 어떻게 되세요?

B : 我叫张山。

　　Wǒ jiào zhāng shān.

　　저는 장산이라고 해요.

A : 认识你很高兴。

　　Rèn shi nǐ hěn gāo xìng.

　　만나서 반가워요.

B : 认识你, 我也很高兴。

　　Rèn shi nǐ, wǒ yě hěn gāo xìng.

　　저도 만나서 반가워요.

2. 단어

한자	병음	뜻
您	nín	당신 (존칭)
贵	guì	귀하다, 비싸다. (존칭)
姓	xìng	성씨
张	zhāng	장씨
叫	jiào	~라고 부르다
什么	shén me	무엇, 무슨
名字	míng zì	이름, 성함
认识	rèn shi	(사람/글 등을) 알다
高兴	gāo xìng	기쁘다, 즐겁다

3. 부수

한자	부수		
您	亻사람 인	尔 너 이	心 마음 심
贵	中 가운데 중	一 한 일	贝 (貝) 조개 패
姓	女 여자 녀	生 날 생	
名	夕 저녁 석	口 입 구	
字	宀 집 면	子 아들 자	
叫	口 입 구	丩 얽힐 구	
认	讠말씀 언	人 사람 인	
识	讠말씀 언	只 다만 지	
高	高 높을 고		
兴	兴 일 흥		

4. 문법

(1) 什么: 무슨, 무엇

의문대명사이고 吗 ma 와 같이 안 온다.

什么?

什么人?

什么名字?

你叫什么名字?

(2) 什么: ~하기는 무슨

형용사/동사+什么+(형용사/동사), 부정의 의미를 나타낸다.

好什么?

好什么好?

高兴什么!

累什么累!

忙什么忙!

饿什么!

(3) 您: 你의 존칭, 당신

您好!

您好吗?

您身体好吗?

叫您什么好?

谢谢您!

您忙吗?

您累吗?

您饿吗?

(4) 认识: (사람.글 등을) 알다

我认识他。

我认识你爸爸。

我不认识你妈妈。

我认识你姐姐。

你爷爷不认识我爸爸。

他奶奶不认识我妹妹。

你认识我吗?

你认识不认识我?

(5) 高兴: 기쁘다

我很高兴。

我不高兴。

我不太高兴。

你高兴吗?

你高兴不高兴?

爸爸高兴吗?

妈妈高兴吗?

你们都高兴吗?

你家人高兴吗?

弟弟妹妹都高兴吗?

哥哥姐姐也高兴吗?

他们都很高兴。

5. 연습 문제

(1) 문장의 병음과 뜻을 써 보세요.

중국어	병음	뜻
您贵姓?		
我姓张。		
什么?		
什么名字?		
什么人?		
你叫什么名字?		
我叫张山。		
他叫什么名字?		
你爸爸叫什么名字?		
你妈妈叫什么名字?		
你哥哥叫什么名字?		
你姐姐叫什么名字?		
你弟弟叫什么名字?		
你妹妹叫什么名字?		

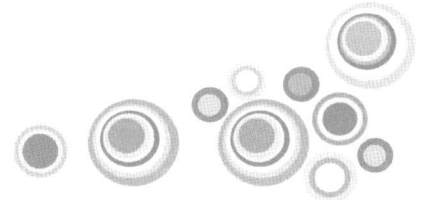

你姓什么?		
他姓什么?		
她姓什么?		
你爸爸姓什么?		
你妈妈姓什么?		
忙什么忙?		
累什么累?		
饿什么饿?		
好什么好?		
困什么困?		
你认识他吗?		
你认识不认识他?		
我不认识他。		
他不认识你。		
我认识他。		
我很高兴。		
我不高兴。		
我不太高兴。		
你高不高兴?		
他高兴吗?		

(2) 녹음을 듣고 발음을 완성하세요.

1	n___	5	___ǎo
2	___ān	6	___n

| 3 | q___ | 7 | ___ǎn |
| 4 | ch___ | 8 | x___ |

(3) 녹음을 듣고 발음을 완성하세요.

No.	한자	병음	의미
1	呢	___e	...는? /하고 있다
2	能	né___	~할 수 있다
3	你	n___	너, 당신
4	年	n___án	년, 해
5	女儿	n___ér	딸
6	朋友	pén___you	친구
7	漂亮	piàolia___	예쁘다
8	苹果	pí___guǒ	(과일) 사과
9	七	q	칠, 7
10	钱	qiá___	돈

二. 나이 물어 보기

1. 회화

A : 你今年多大？

　　Nǐ jīnnián duō dà?

　　올해 나이가 어떻게 되세요?

B : 我今年二十岁。

　　Wǒ jīnnián èrshí suì.

　　저는 올해 20살예요.

2. 단어

한자	병음	뜻
今年	jīn nián	올해
多	duō	많다, 얼마나
大	dà	크다, 나이 많다
二十	èr shí	20
岁	suì	살, 세

3. 부수

한자	부수	
今	今 이제 금	
年	年 해 년	
多	多 많을 다	
岁	山 뫼 산	夕 저녁 석
大	大 클 대	

4. 문법

(1) 多 : 얼마나

영어의 how much의 'how' 에 해당한다.

$\overset{duō}{多} \overset{dà}{大}$? = how old?

$\overset{duō}{多} \overset{shǎo}{少}$? = how much?/how many?

$\overset{duō}{多} \overset{cháng}{长} \overset{shí}{时} \overset{jiān}{间}$? = how long?

多大?

你多大?

你今年多大?

你哥哥今年多大?

你姐姐今年多大?

你爸爸妈妈今年多大?

(2) 岁 : 살, 세

我今年10岁。

他今年5岁。

我弟弟今年15岁。

爸爸今年45岁。

(3) 숫자

一	二	三	四	五	六	七	八	九	十	十一	十二	十三	十四
yī	èr	sān	sì	wǔ	liù	qī	bā	jiǔ	shí	shíyī	shíèr	shísān	shísì
1	2	3	4	5	6	7	8	9	10	11	12	13	14

5. 연습 문제

(1) 문장의 병음과 뜻을 써 보세요.

중국어	병음	뜻
你多大?		
他多大?		
你今年多大?		
他今年多大?		
你哥哥今年多大?		
你姐姐今年多大?		
你弟弟今年多大?		
你妹妹今年多大?		

(2) 녹음을 듣고 발음을 완성하세요.

1	j____	5	____n
2	____n	6	____n

3	d____	7	s____
4	d____	8	m____

(3) 녹음을 듣고 발음을 완성하세요.

No.	한자	병음	의미
1	前面	qián____ian	앞, 앞쪽
2	请	qǐ____	....하세요
3	去	____ù	가다
4	热	r____	덥다, 뜨겁다
5	人	ré____	사람
6	认识	rèn____i	(사람.글자) 알다
7	日	____ì	날, 일
8	三	sā____	삼
9	上	shà____	위
10	商店	shāng di____	상점

6. 읽기 연습

(1) 말놀이 1

妈妈骑马，马慢，妈妈骂马。

mā ma qímǎ, mǎ màn, mā ma màmǎ.

엄마가 말을 타다. 말이 느리다.엄마가 말을 혼냈다.

(2) 말놀이 2

富妇扶夫赴傅府

Fù fù fú fǔ fù fù fǔ

부자 부인은 남편을 데리고 부씨의 집의 간다.

(3) 말놀이 3

四是四，十是十

Sì shì sì , shí shì shí

Four is four. Ten is ten,

十四是十四，四十是四十

Shí sì shì shí sì , sì shí shì sì shí

Fourteen is fourteen. Forty is forty

四十四是四十四

sì shí sì shì sì shí sì

Forty four is forty four

7. 회화 연습

(1) 您贵姓?

(2) 你爸爸妈妈贵姓?

(3) 你爷爷奶奶哥哥姐姐弟弟妹妹贵姓?

(4) 你的孩子贵姓?

(5) 你叫什么名字?

(6) 你爸爸叫什么名字?

(7) 你妈妈叫什么名字?

(8) 你哥哥叫什么名字?

(9) 你姐姐叫什么名字?

(10) 你弟弟叫什么名字?

(11) 你妹妹叫什么名字?

(12) 他姓什么?

(13) 你认识他吗?

(14) 你认识不认识他?

(15) 你高不高兴?

(16) 你家人高兴不高兴?

(17) 你今年多大?

(18) 你哥哥今年多大?

(19) 你姐姐今年多大?

(20) 你弟弟今年多大?

(21) 你妹妹今年多大？

(22) 你爸爸今年多大？

(23) 你妈妈今年多大？

(24) 你的汉语老师今年多大？

(25) 你的英语老师今年多大？

8. 읽기 연습

守株待兔

春秋时期，宋国有一个农夫，每天在田里努力地劳动。

有一天，他在田里工作的时候，突然看见一只兔子，往大树的方向跑过来。结果，兔子跑得太快，撞上大树，脖子折断死掉了。

农夫很高兴，捡起死兔子，回家吃了一顿很好吃的兔子肉。

从那以后，农夫再也不专心地干活儿了，他每天坐在大树的旁边，希望再捡到一只死兔子。

结果，他不仅没有等到兔子，农田里的苗也都枯萎了。

这个故事告诉我们，世界上没有免费的午餐。

Shǒu zhū dài tù

Chūn qiū shí qī, sòng guó yǒu yí gè nóng fū, měi tiān zài tián lǐ nǔ lì de láo dòng.

Yǒu yì tiān, tā zài tián li gōng zuò de shí hou, tū rán kàn jiàn yì zhī tù zi, wǎng dà shù de fāng xiàng pǎo guò lái. Jié guǒ, tù zi pǎo de tài kuài, zhuàng shàng dà shù, bó zi zhé duàn sǐ diào le.

Nóng fū hěn gāo xìng, jiǎn qǐ sǐ tù zi, huí jiā chī le yí dùn hěn hǎo chī de tù zi ròu.

Cóng nà yǐ hòu, nóng fū zài yě bù zhuān xīn de gàn huór le, tā měi tiān zuò zài dà shù de páng biān, xī wàng zài jiǎn dào yì zhī sǐ tù zi.

Jié guǒ, tā bù jǐn méi yǒu děng dào tù zi, nóng tián lǐ de miáo yě dōu kū wěi le.

Zhè ge gù shi gào su wǒ men, shì jiè shàng méi yǒu miǎn fèi de wǔ cān.

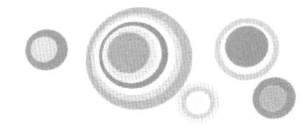

제6과 국적

一 국적

1. 회화

A : 你是中国人吗?

  Nǐ shì zhōng guó rén ma?

  당신은 중국 사람이세요?

B : 我不是中国人。

  Wǒ bú shì zhōng guó rén.

  저는 중국 사람이 아니에요.

A : 你是美国人吗?

  Nǐ shì měi guó rén ma?

  당신은 미국 사람이세요?

B : 我不是美国人。

  Wǒ bú shì měi guó rén.

  저는 미국 사람이 아니에요.

A : 你是日本人吗?

  Nǐ shì rì běn rén ma?

  당신은 일본 사람이세요?

B : 我不是日本人。

  Wǒ bú shì rì běn rén.

  저는 일본 사람이 아니에요.

A : 你是加拿大人吗?

  Nǐ shì jiā ná dà rén ma?

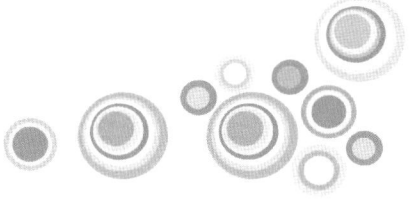

당신은 캐나다 사람이세요?

B : 我不是加拿大人。

　　Wǒ bú shì jiā ná dà rén.

　　저는 캐나다 사람이 아니에요.

A : 你是韩国人吗?

　　Nǐ shì hán guó rén ma?

　　당신은 한국 사람 이세요?

B : 我是韩国人。

　　Wǒ shì hán guó rén.

　　저는 한국 사람이에요.

A : 他是哪国人?

　　Tā shì nǎ guó rén?

　　그는 어느 나라 사람이세요?

B : 他也是韩国人。

　　Tā yě shì hán guó rén.

　　그도 한국 사람이에요.

A : 你爸爸/妈妈/哥哥/姐姐/弟弟/妹妹是哪国人?

　　Nǐ bà ba/mā ma/gē ge/jiě jie/dì di/mèi mei shì nǎ guó rén?

　　아빠, 엄마, 오빠, 언니, 남동생, 여동생은 어느 나라 사람이세요?

B : 他/她也是韩国人。

　　Tā/tā yě shì hán guó rén.

　　그/그녀도 한국 사람이에요.

2. 단어

한자	병음	뜻

是	shì	이다
中国	zhōng guó	중국
人	rén	사람, 인
不是	bú shì	아니다
美国	měi guó	미국
日本	rì běn	일본
加拿大	jiā ná dà	캐나다
韩国	hán guó	한국
哪	nǎ	어느, 어느 것
国	guó	국, 나라
哪国人	nǎ guó rén	어느 나라 사람

3. 부수

한자	부수		
是	日 날 일	下 아래 하	人 사람 인
国	口 둘러싸일 위	玉(王) 구슬 옥	
美	羊 양 양	大 큰 대	
韩	韩 한국 한		
哪	口 입 구	那 어찌 나	

4. 문법

(1) 是 : 이다; 不是 : 아니다

주어 + 是/不是 + 명사

我是老师。

我不是学生。

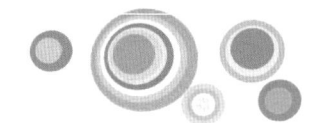

我是爸爸。	我是韩国人。
他不是我爸爸。	他是老师。
她不是我妈妈。	我不是日本人。
她不是我姐姐。	你妹妹是不是美国人？
他不是哥哥。	爸爸是哪国人？
他不是爷爷。	我是医生。

(2) 哪：어느

哪个？ 어느 것/사람？ 哪儿？ 어디

哪国人？	你在哪儿？
他是哪国人？	韩国在哪儿？
哪个是你妈妈？	中国在哪儿？
哪个是你弟弟？	美国在哪儿？

5. 연습 문제

(1) 문장의 병음과 뜻을 써 보세요.

중국어	병음	뜻
中国人		
是中国人		
你是中国人		
你是中国人吗？		
不是中国人		
我不是中国人。		
美国		
美国人		

是美国人	
你是美国人	
你是美国人吗?	
你是日本人吗?	
你是加拿大人吗?	
你是韩国人吗?	
他是哪国人?	
我不是美国人。	
我不是日本人。	
我不是加拿大人。	
他也是韩国人。	
我是韩国人。	
我是老师。	
我是爸爸。	
我不是老师。	
我不是爸爸。	
我是妈妈。	
中国在哪儿?	
美国在哪儿?	

(2) 녹음에서 나오는 발음을 보기에서 참고해 적어 보세요.

발음
zhōng guó   rén   shì   bú shì   měi guó
rì běn   jiā ná dà   hán guó   nǎ guó

(3) 녹음을 듣고 병음을 완성하세요.

1	zh_____	5	_____ó
2	_____n	6	_____you
3	m_____	7	_____ǎi
4	_____à	8	_____shēng

(4) 녹음을 듣고 발음을 완성하세요.

No.	한자	병음	의미
1	上午	shàng_____	오전
2	少	_____ǎo	적다
3	谁	sh_____í	누구
4	什么	shé_____me	무슨, 무엇
5	十	_____í	십
6	是	sh_____	~이다
7	时候	shí_____ou	...할 때
8	书	sh_____	책
9	水	sh_____ǐ	물
10	水果	shuǐ_____ǒ	과일

二 관계

1. 회화

A : 你是老师吗?

　　Nǐ shì lǎo shī ma?

　　당신은 선생님이세요?

B：我不是老师。

Wǒ bú shì lǎo shī.

저는 선생님이 아니에요.

A：你是医生吗？

Nǐ shì yī shēng ma?

당신은 의사 선생님이세요?

B：我不是医生。

Wǒ bú shì yī shēng.

저는 의사가 아니에요.

A：那是谁？

Nà shì shuí?

저 사람은 누구세요?

B：那是老师。

Nà shì lǎo shī

저 사람은 선생님이세요.

A：他是你朋友吗？

Tā shì nǐ péng you ma?

그는 당신의 친구세요?

B：他是我朋友。/他不是我朋友。

Tā shì wǒ péng you./Tā bú shì wǒ péng you.

그는 제 친구이에요/아니에요.

A：她是你外婆吗？

Tā shì nǐ wài pó ma?

그녀는 당신의 외할머니세요?

B：她不是我外婆。

Tā bú shì wǒ wài pó.

그녀는 제 외할머니가 아니세요.

A : 他是你外公吗?

Tā shì nǐ wài gōng ma?

그는 당신의 외할아버지세요?

B : 他不是我外公。

Tā bú shì wǒ wài gōng.

그는 제 외할아버지가 아니세요.

A : 他/她是你哥哥/姐姐/弟弟/妹妹吗?

Tā / tā shì nǐ gē ge / jiě jie / dì di / mèi mei ma?

그/그녀는 당신의 오빠/언니/남동생/여동생이세요?

B : 他/她不是我哥哥/姐姐/弟弟/妹妹。

Tā / tā bú shì wǒ gē ge / jiě jie / dì di / mèi mei.

그/그녀는 저의 오빠/언니/남동생/여동생이 아니에요.

2. 단어

한자	병음	뜻
老师	lǎo shī	선생님
医生	yī shēng	의사
那	nà	저, 그, 저 사람
谁	shuí	누구
朋友	péng you	친구
外婆	wài pó	외할머니
外公	wài gōng	외할아버지

3. 부수

한자	부수		
老	老 늙을 노		
师	巾 스승 사		
医	匚 상자 방	矢 화살 시	
谁	讠(言) 말씀 언	隹 새 추	
那	那 어찌 나		
朋	月 달 월	月 달 월	
友	十 열 십	又 또 우	
外	夕 저녁 석	卜 점 복	
婆	氵 물 수	皮 가죽 피	女 여자 녀
公	八 여덟 팔	厶 나 사	

4. 문법

(1) 谁 : 누구 (의문대명사)

谁？

你是谁？

他是谁？

你爸爸是谁？

谁是爸爸？

谁是你妈妈？

她们是谁？

她是谁的妈妈？

谁是你的妹妹？

谁是爷爷？

谁是老师？

谁是医生？

谁是你外婆？

谁是你外公？

(2) 朋友 : 친구

中国朋友

美国朋友

他是我的美国朋友。

那是我的韩国朋友。

韩国朋友很好。

韩国朋友很高兴。

韩国朋友很忙。

我爸爸的韩国朋友

我的朋友是老师。

我的朋友是医生。

5. 연습 문제

(1) 문장의 병음과 뜻을 써 보세요.

중국어	병음	뜻
你是老师吗?		
我不是老师。		
你是医生吗?		
我不是医生。		
那是谁?		
那是老师。		
他是你朋友吗?		
他是我朋友。		
她是你外婆吗?		
她不是我外婆。		
她是你奶奶吗?		
她不是我奶奶。		
他是你哥哥吗?		
她是你姐姐吗?		
他是你弟弟吗?		

她是你妹妹吗？	
他是不是你弟弟？	
你在哪儿？	
你是不是韩国人？	
他是不是美国人？	

(2) 녹음에서 나오는 발음을 보기에서 참고해 적어 보세요.

발음
lǎo shī   yī shēng   shuí   péng you   wài pó
nǎi nai   jiě jie   péng   nà   tā shì

(3) 녹음을 듣고 발음을 완성하세요.

No.	한자	병음	의미
1	睡觉	shuì jià____	잠을 자다
2	说话	shu____huà	말하다
3	四	____ì	사, 4
4	岁	s____	(연령) 살, 세
5	她	t____	그녀
6	他	____ā	그
7	太	t____	대단히, 매우
8	天气	tiān____	날씨

| 9 | 听 | t____ | 듣다 |
| 10 | 同学 | tóng_____ | 학우,동창 |

6. 회화 연습

(1) 你是中国人吗？

(2) 你是美国人吗？

(3) 你是日本人吗？

(4) 你是加拿大人吗？

(5) 你是韩国人吗？

(6) 你爸爸/妈妈/哥哥/姐姐是哪国人？

(7) 你的汉语老师是哪国人？

(8) 你的英语老师是哪国人？

(9) 他是哪国人？

(10) 你是老师吗？

(11) 你是医生吗？

(12) 你爸爸妈妈是老师吗？

(13) 你爸爸妈妈是医生吗？

(14) 那是谁？

(15) 他是你朋友吗？

(16) 她是你外婆吗？

(17) 她是你奶奶吗？

(18) 他/她是你哥哥/姐姐/弟弟/妹妹吗？

(19) 他是不是你弟弟？

(20) 他是不是美国人？

(21) 你是不是韩国人？

(22) 你外公是韩国人吗？

(23) 你外婆是中国人吗？

(24) 你爷爷是加拿大人吗？

(25) 你奶奶是哪国人？

(26) 你爸爸是韩国人吗？

(27) 你弟弟是日本人吗？

(28) 他是中国人吗？

(29) 你老师是中国人吗？

(30) 你老师是韩国人吗？

(31) 你外公是医生吗？

(32) 你外婆是老师吗？

(33) 你的好朋友是中国人吗？

(34) 你的朋友是美国人吗？

(35) 你的老师是加拿大人吗？

7. 읽기 연습

杞人忧天

古代有个国家叫杞国，杞国有一个人，他的胆子很小。

有一天，他看到大风吹落了树叶，就很害怕。又有一天，他看到一只鸟从天上掉了下来，就更担心了。他遇到人就说："头上的天会不会也掉下来？"

从此，他躲在家里不敢出门，吃不下饭，睡不着觉，每天担心天会掉下来。

大家知道后，都跑来劝他说："天是不会往下掉的，即使真的掉下来，也不是你一个人担心能够解决的啊。别担心了。"

可是，无论别人怎么说，他都不相信。他仍然经常为这个问题烦恼。

这个故事告诉我们，不要过度担心一些事情。

Qǐ rén yōu tiān

Gǔ dài yǒu ge guó jiā jiào qǐ guó, qǐ guó yǒu yí gè rén, tā de dǎn zi hěn xiǎo.

Yǒu yì tiān, tā kàn dào dà fēng chuī luò le shù yè, jiù hěn hài pà. Yòu yǒu yì tiān, tā kàn dào yì zhī niǎo cóng tiān shàng diào le xià lái, jiù gèng dān xīn le. Tā yù dào rén jiù shuō:"Tóu shàng de tiān huì bú huì yě diào xià lái?"

Cóng cǐ, tā duǒ zài jiā li bù gǎn chū mén, chī bú xià fàn, shuì bù zháo jiào, měi tiān dān xīn tiān huì diào xià lái.

Dà jiā zhī dào hòu, dōu pǎo lái quàn tā shuō:"Tiān shì bú huì wǎng xià diào de, jí shǐ zhēn de diào xià lái, yě bú shì nǐ yí gè rén dān xīn néng gòu jiě jué de a. Bié dān xīn le."

Kě shì, wú lùn bié rén zěn me shuō, tā dōu bù xiāng xìn. Tā réng rán jīng cháng wèi zhè ge wèn tí fán nǎo.

Zhè ge gù shi gào su wǒ men, bú yào guò dù dān xīn yì xiē shì qing.

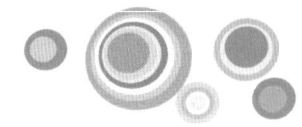

제7과 가족

一 가족 소개

1. 회화

A : 你家有几口人?

　　Nǐ jiā yǒu jǐ kǒu rén?

　　당신의 집에 식구는 몇 명이 있어요?

B : 我家有三口人。

　　Wǒ jiā yǒu sān kǒu rén.

　　저희 집에 식구는 3명이 있어요.

A : 你们家有谁?

　　Nǐ men jiā yǒu shuí?

　　당신의 집에 누구 누구 있어요?

B : 我们家有爸爸, 妈妈和我。

　　Wǒ men jiā yǒu bà ba, mā ma hé wǒ.

　　저희 집에 아빠, 엄마 그리고 제가 있어요.

A : 你有哥哥/姐姐/弟弟/妹妹吗?

　　Nǐ yǒu gē ge / jiě jie/ dì di / mèi mei ma?

　　당신은 오빠/언니/남동생/여동생이 있어요?

B : 我有/没有哥哥/姐姐/弟弟/妹妹。

　　Wǒ yǒu / méi yǒu gē ge / jiě jie / dì di / mèi mei.

　　저는 오빠/언니/남동생/여동생이 있어요/없어요.

A : 你有几个哥哥/姐姐/弟弟/妹妹?

　　Nǐ yǒu jǐ gè gē ge / jiě jie / dì di / mèi mei?

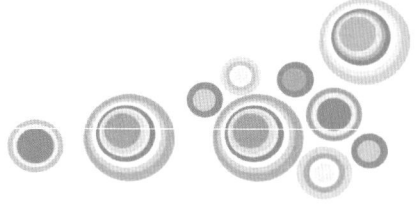

당신은 몇 명의 오빠 / 언니 / 남동생 / 여동생이 있어요?

B : 我有一个哥哥/姐姐/弟弟/妹妹。

Wǒ yǒu yí gè gē ge / jiě jie / dì di / mèi mei.

저는 한 명의 오빠 / 언니 / 남동생 / 여동생이 있어요

A : 你结婚了吗？

Nǐ jié hūn le ma?

당신은 결혼하셨어요?

B : 我结婚了。/ 我没结婚。

Wǒ jié hūn le. / Wǒ méi jié hūn.

저는 결혼 했어요./저는 결혼 안 했어요.

A : 你爱人是韩国人吗？

Nǐ ài ren shì hán guó rén ma?

당신의 남편/와이프는 한국인이세요?

B : 我爱人是韩国人。

Wǒ ài ren shì hán guó rén.

저의 남편/와이프는 한국인이에요.

A : 你有孩子吗？

Nǐ yǒu hái zi ma?

당신은 아이가 있으세요?

B : 我有孩子。/我没有孩子。

Wǒ yǒu hái zi./Wǒ méi yǒu hái zi.

저는 아이가 있어요./없어요.

A : 你有几个孩子？

Nǐ yǒu jǐ gè hái zi?

당신은 몇 명의 아이가 있어요?

B：我有两个孩子。

　　Wǒ yǒu liǎng gè hái zi.

　　저는 아이 두 명이 있어요.

A：你有几个儿子？

　　Nǐ yǒu jǐ gè ér zi？

　　당신은 몇 명의 아들이 있어요？

B：我有一个儿子。

　　Wǒ yǒu yí gè ér zi.

　　저는 한 명의 아들이 있어요.

A：你有几个女儿？

　　Nǐ yǒu jǐ gè nǚ ér？

　　당신은 몇 명의 딸이 있어요？

B：我有一个女儿。

　　Wǒ yǒu yí gè nǚ ér

　　저는 한 명의 딸이 있어요.

A：你爷爷有几个孩子？

　　Nǐ yé ye yǒu jǐ gè hái zi？

　　당신의 할아버지는 몇 명의 아이가 있어요？

B：我爷爷有两个孩子。

　　Wǒ yé ye yǒu liǎng gè hái zi.

　　저의 할아버지는 아이 두 명이 있어요.

A：你爷爷有几个儿子？

　　Nǐ yé ye yǒu jǐ gè ér zi？

　　당신의 할아버지는 몇 명의 아들이 있어요？

B：我爷爷有一个儿子。

Wǒ yé ye yǒu yí gè ér zi.

저의 할아버지는 한 명의 아들이 있어요.

A：你爷爷有几个女儿？

Nǐ yé ye yǒu jǐ gè nǚ ér？

당신의 할아버지는 몇 명의 딸이 있어요?

B：我爷爷有一个女儿。

Wǒ yé ye yǒu yí gè nǚ ér

저의 할아버지는 한 명의 딸이 있어요.

A：你外公有几个孩子？

Nǐ wài gōng yǒu jǐ gè hái zi？

당신의 외할아버지는 몇 명의 아이가 있어요?

B：我外公有两个孩子。

Wǒ wài gōng yǒu liǎng gè hái zi.

저의 외할아버지는 아이 두 명이 있어요.

A：你外公有几个儿子？

Nǐ wài gōng yǒu jǐ gè ér zi？

당신의 외할아버지는 몇 명의 아들이 있어요?

B：我外公有一个儿子。

Wǒ wài gōng yǒu yí gè ér zi.

저의 외할아버지는 한 명의 아들이 있어요.

A：你外公有几个女儿？

Nǐ wài gōng yǒu jǐ gè nǚ ér？

당신의 외할아버지는 몇 명의 딸이 있어요?

B：我外公有一个女儿。

Wǒ wài gōng yǒu yí gè nǚ ér

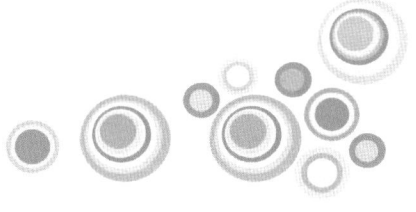

 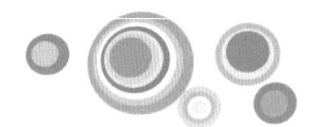

저의 외할아버지는 한 명의 딸이 있어요.

2. 단어

한자	병음	뜻
有	yǒu	있다
没有	méi yǒu	없다
几	jǐ	몇
口	kǒu	식구, 명
谁	shuí	누구
和	hé	하고, 와, 과, 그리고
结婚	jié hūn	결혼하다
了	le	과거형, ~했다
没	méi	과거형 부정, ~안 했다
爱	ài	사랑, 사랑하다
爱人	ài ren	남편/와이프
孩子	hái zi	아이
两	liǎng	둘, 두(명)
儿子	ér zi	아들
女儿	nǚ ér	딸

3. 부수

한자	부수	
有	十 열 십	月 달 월
谁	言 말씀 언	隹 새 추

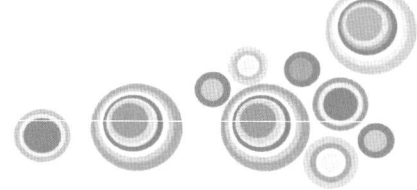

和	禾 벼 화	口 입 구	
没	氵 물 수	殳 칠 수	
结	纟 실 사	吉 길할 길	
婚	女 여자 녀	昏 어두울 혼	
爱	爪(爫) 손톱 조	友 벗 우	
孩	子 아들 자	亥 돼지 해	
两	两 두 량		

4. 문법

(1) 有 : 있다 ; 没有 : 없다 ;

我有哥哥。

我没有哥哥。

我有弟弟。

我没有弟弟。

我没有孩子。

你有哥哥吗?

你有弟弟吗?

你有孩子吗?

我爷爷没有女儿。

我外公没有儿子。

我家有五口人。⇒ 你家有几口人?

我有一只小狗。⇒ 你有几只(zhī)小狗?

我有两个孩子。⇒ 你有几个孩子?

我有一张妈妈的照片。

⇒ 你有几张(zhāng)妈妈的照片?

朋友有一个哥哥。⇒ 朋友有几个哥哥?

(2) 几 : 몇 (의문대명사)

几个人?

几个中国人?

几个韩国人?

几个朋友?

有几个朋友

你有几个朋友?

你哥哥有几个朋友?

你哥哥有几个中国朋友?

你哥哥有几个中国朋友和中国老师?

 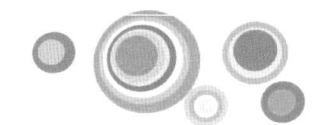

你有几个哥哥？ 你有几个妹妹？

你有几个姐姐？ 你有几个老师？

(3) 了 : ~했다 (과거형)

자주 동사나 문장의 끝에 사용한다.

我结婚了。 你结婚了吗？

朋友结婚了。 你结婚了没有结婚？

他的儿子结婚了。 你结婚了没有？

她女儿结婚了。 你结婚了没？

(4) 没(有) : ~안 했다 (과거형 부정)

我没有结婚。 我的朋友也都没结婚。

我没结婚。 我的朋友们也都没结婚。

朋友没结婚。 我的韩国朋友们也都没结婚。

朋友都没结婚。 我的好朋友们也都没结婚。

3. 연습 문제

(1) 문장의 병음과 뜻을 써 보세요.

중국어	병음	뜻
几口人		
你家有几口人		
三口人		
我家有三口人		
我们家有爸爸, 妈妈和我。		
你有几个哥哥		

我有一个哥哥

你结婚了吗?

我结婚了。

我没结婚。

你爱人是韩国人吗?

我爱人是韩国人。

你有孩子吗?

你有几个孩子?

你有几个儿子?

你有几个女儿?

我有一个女儿。

你爷爷有几个孩子?

你外公有几个孩子?

你外公有几个女儿?

一个儿子

一个女儿

你结婚了吗?

我结婚了。

我们结婚了。

他们结婚了。

他没结婚。

他有三个孩子。

她有五个孩子。

他们家有五口人

我的朋友也都没结婚。		
我的韩国朋友们也都没结婚		
朋友没结婚。		

(2) 녹음에서 나오는 발음을 보기에서 참고해 적어 보세요.

발음
jǐ kǒu rén   sān kǒu rén   nǐ men   shuí   wǒ men jiā gē ge   jié hūn   ài ren   hái zi   ér zi   nǚ'ér   wài gōng

(3) 녹음을 듣고 발음을 완성하세요.

No.	한자	병음	의미
1	喂	w_____	여보세요
2	我	w_____	나
3	我们	wǒ_____	우리(들)
4	五	_____ǔ	오, 5
5	下	x_____à	아래
6	想	xiǎ_____	생각하다, ...고 싶다
7	先生	xiā_____sheng	~씨, 미스터....
8	现在	xiàn_____ài	지금, 현재
9	小	_____ǎo	작다
10	小姐	xiǎo_____	아가씨

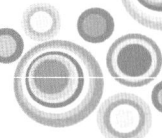

二 소유

1. 회화

A : 你喜欢小狗吗?

　　Nǐ xǐ huan xiǎo gǒu ma?

　　당신은 강아지를 좋아하세요?

B : 我喜欢小狗。

　　Wǒ xǐ huan xiǎo gǒu.

　　저는 강아지를 좋아해요.

A : 你爸爸喜欢小狗吗?

　　Nǐ bà ba xǐ huan xiǎo gǒu ma?

　　당신의 아버지는 강아지를 좋아하세요?

B : 我爸爸喜欢小狗。

　　Wǒ bà ba xǐ huan xiǎo gǒu.

　　저의 아버지는 강아지를 좋아하세요.

A : 你妈妈喜欢小狗吗?

　　Nǐ mā ma xǐ huan xiǎo gǒu ma?

　　당신의 어머님이 강아지를 좋아하세요?

B : 我妈妈喜欢小狗。

　　Wǒ mā ma xǐ huan xiǎo gǒu.

　　저의 어머님은 강아지를 좋아하세요.

A : 你爱人喜欢小狗吗?

　　Nǐ ài ren xǐ huan xiǎo gǒu ma?

　　당신의 남편/와이프는 강아지를 좋아하세요?

B : 我爱人喜欢小狗。

　　Wǒ ài ren xǐ huan xiǎo gǒu.

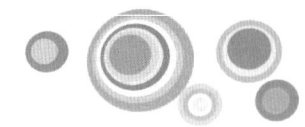

저의 남편/와이프는 강아지를 좋아하세요.

A：你家有小狗吗?

　　Nǐ jiā yǒu xiǎo gǒu ma?

　　당신 집에 강아지가 있어요?

B：我家有/没有小狗。

　　Wǒ jiā yǒu/méi yǒu xiǎo gǒu.

　　우리 집에 강아지가 있어요/없어요

A：你有爸爸妈妈的照片吗?

　　Nǐ yǒu bà ba mā ma de zhào piàn ma?

　　당신은 아빠 엄마의 사진이 있어요?

B：我有/没有爸爸妈妈的照片。

　　Wǒ yǒu/méi yǒu bà ba mā ma de zhào piàn.

　　저는 아빠/엄마의 사진이 있어요/없어요.

A：你喜欢你哥哥/姐姐/弟弟/妹妹吗?

　　Nǐ xǐ huan nǐ gē ge/jiě jie/dì di/mèi mei ma?

　　당신은 오빠/언니/남동생/여동생을 좋아하세요?

B：我喜欢/不喜欢我哥哥/姐姐/弟弟/妹妹。

　　Wǒ xǐ huan/ bù xǐ huan wǒ gē ge/jiě jie/dì di/mèi mei.

　　저는 제 오빠/언니/남동생/여동생을 좋아해요./좋아하지 않아요.

A：你有哥哥/姐姐/弟弟/妹妹的照片吗?

　　Nǐ yǒu gē ge/jiě jie/dì di/mèi mei de zhào piàn ma?

　　당신은 오빠/언니/남동생/여동생의 사진이 있어요?

B：我有/没有哥哥/姐姐/弟弟/妹妹的照片。

　　Wǒ yǒu/méi yǒu gē ge/jiě jie/dì di/mèi mei de zhào piàn.

　　저는 오빠/언니/남동생/여동생의 사진이 있어요/없어요.

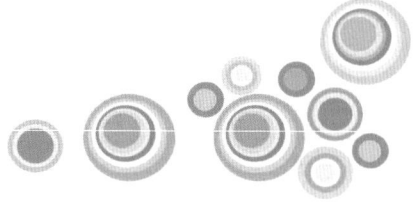

A：你有朋友吗？

　　Nǐ yǒu péng you ma?

　　당신은 친구가 있어요?

B：我有朋友。

　　Wǒ yǒu péng you.

　　저는 친구가 있어요./없어요.

A：你有几个朋友？

　　Nǐ yǒu jǐ gè péng you?

　　당신은 몇 명의 친구가 있으세요?

B：我有两个朋友。

　　Wǒ yǒu liǎng gè péng you.

　　저는 두 명의 친구가 있어요.

A：你有男/女朋友吗？

　　Nǐ yǒu nán/nǚ péng you ma?

　　당신은 남자/여자 친구가 있어요?

B：我没有男/女朋友。

　　Wǒ méi yǒu nán/nǚ péng you.

　　저는 남자/여자 친구가 있어요./없어요.

A：你哥哥/姐姐有男/女朋友吗？

　　Nǐ gē ge/jiě jie yǒu nán/nǚ péng you ma?

　　당신의 오빠/형/언니/누나는 남자/여자 친구 있어요?

B：我哥哥/姐姐有男/女朋友。

　　Wǒ gē ge/jiě jie yǒu nán/nǚ péng you.

　　저의 오빠/형/언니/누나는 남자/여자 친구가 있어요./없어요.

2. 단어

한자	병음	뜻
喜欢	xǐ huan	좋아하다
狗	gǒu	개
小狗	xiǎo gǒu	강아지
照片	zhào piàn	사진
的	de	의, ~하는 / ~한
两个	liǎng gè	두 명, 두 개
男朋友	nán péng you	남자 친구
女朋友	nǚ péng you	여자 친구

3. 부수

한자	부수		
喜	壴 북 주	口 입 구	
欢	又 또 우	欠 하품 흠	
狗	犭 개 견	句 글귀 구	
照	日 날 일	召 부를 조	灬 불 화
片	片 조각 편		
男	田 밭 전	力 힘 력	
的	白 흰 백	勺 구기 작	

4. 문법

(1) 喜欢 : 좋아하다 (심리동사)

我喜欢你。　　　　　　　　　你喜欢他。

你喜欢我吗？

爸爸喜欢妈妈。

爸爸喜欢姐姐。

妈妈喜欢哥哥。

我不喜欢弟弟。

弟弟喜欢妹妹。

(2) 的 : 의

我的妈妈

我的朋友

我的老师

我的医生

我的外公

我的爷爷

我的家人

我的奶奶

我的外婆

他的孩子

我的小狗

他朋友的女儿的弟弟

我朋友的爱人的哥哥

他爱人的爸爸的姐姐的爱人

(3) 的 : ~하는 / 한

동사나 형용사 뒤에, 명사 앞에 사용한다.

喜欢我的小狗

我喜欢的小狗

我喜欢的朋友

喜欢我的朋友

喜欢我的朋友是中国朋友

我喜欢的朋友是韩国朋友

他的照片

我朋友的照片

我喜欢的朋友的照片

我喜欢的我的女朋友的照片

我喜欢的我的女朋友的小狗的照片

我爱人喜欢的朋友的哥哥是中国人

5. 연습 문제

(1) 문장의 병음과 뜻을 써 보세요.

중국어	병음	뜻

小狗		
有小狗		
你家有小狗		
我家有		
照片		
爸爸妈妈的照片		
没有爸爸妈妈的照片		
喜欢		
喜欢我哥哥		
不喜欢我哥哥		
喜欢我姐姐		
有哥哥		
没有哥哥		
有姐姐		
有朋友		
你有朋友吗		
我有朋友		
几个朋友		
你有几个朋友		
两个		
两个朋友		
我有两个朋友		
女朋友		
男朋友		

你有男朋友吗		
我没有男朋友		
我没有女朋友		
你有女朋友吗		

(2) 녹음을 듣고 발음을 완성하세요.

No.	한자	병음	의미
1	下午	xià w____	오후
2	下雨	xià y____	비가 내리다
3	写	x____	(글씨를) 쓰다
4	些	____ē	조금, 약간, 몇
5	谢谢	xiè x____	감사합니다
6	喜欢	xǐ h____n	좋아하다
7	星期	xīng____	요일, 주
8	学生	xué ____ng	학생
9	学习	xu____	공부하다
10	学校	xué xià____	학교

5. 회화 연습

 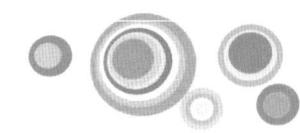

(1) 你家有几口人？
(2) 你们家有谁？
(3) 你有哥哥/姐姐/弟弟/妹妹吗？
(4) 你有几个哥哥/姐姐/弟弟/妹妹？
(5) 你结婚了吗？
(6) 你爱人是韩国人吗？
(7) 你有孩子吗？
(8) 你有几个孩子？
(9) 你有几个儿子？
(10) 你有几个女儿？
(11) 你爷爷有几个孩子？
(12) 你爷爷有几个儿子？
(13) 你爷爷有几个女儿？
(14) 你外公有几个孩子？
(15) 你外公有几个儿子？
(16) 你外公有几个女儿？
(17) 你喜欢小狗吗？
(18) 你爸爸喜欢小狗吗？
(19) 你妈妈喜欢小狗吗？
(20) 你爱人喜欢小狗吗？
(21) 你家有小狗吗？
(22) 你有爸爸妈妈的照片吗？
(23) 你喜欢你哥哥/姐姐/弟弟/妹妹吗？
(24) 你有哥哥/姐姐/弟弟/妹妹的照片吗？
(25) 你有朋友吗？
(26) 你有几个朋友？
(27) 你有男/女朋友吗？
(28) 你哥哥/姐姐有男/女朋友吗？
(29) 你有男/女朋友的照片吗？
(30) 你有中国朋友吗？
(31) 你有韩国朋友吗？
(32) 你有几个韩国朋友？
(33) 你有美国朋友吗？
(34) 你有日本朋友吗？
(35) 你有加拿大朋友吗？
(36) 你有医生吗？
(37) 你的医生是哪国人？
(38) 你有老师吗？
(39) 你的老师是哪国人？
(40) 你有中国老师吗？
(41) 你有几个中国老师？
(42) 你有韩国老师吗？
(43) 你有几个韩国老师？
(44) 你有美国老师吗？
(45) 你有日本老师吗？
(46) 你有加拿大老师吗？
(47) 你有老师的照片吗？
(48) 你有朋友的照片吗？
(49) 你有小狗的照片吗？
(50) 你有老师的照片吗？

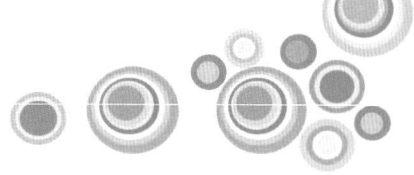

7. 읽기 연습

筷子的故事

从前，有几个兄弟，他们关系不好，经常吵架。一天，他们又吵架了。

他们的父亲很生气，把他们叫到屋子里，拿出一把筷子，说:"你们谁能把这把筷子折断？"几个兄弟都试了试，虽然他们用了很大的力气，可是谁也没能折断。

父亲把这把筷子分开，分给每个儿子一根，说:"现在，你们再试试看。""这太简单了。"这次，孩子们一折就断了。

父亲说:"孩子们，你们看，一把筷子多结实，很难折断。一根筷子很容易就折断了。所以，以后你们不要再打架了，团结起来才会有力量。"

这个故事告诉我们：团结力量大。

Kuài zi de gù shì

Cóng qián, yǒu jǐ gè xiōng di, tā men guān xi bù hǎo, jīng cháng chǎo jià. Yì tiān, tā men yòu chǎo jià le.

Tā men de fù qīn hěn shēng qì, bǎ tā men jiào dào wū zi lǐ, ná chū yì bǎ kuài zi, shuō:"Nǐ men shuí néng bǎ zhè bǎ kuài zi zhé duàn?" Jǐ gè xiōng di dōu shì le shì, suī rán tā men yòng le hěn dà de lì qi, kě shì shuí yě méi néng zhé duàn.

Fù qin bǎ zhè bǎ kuài zi fēn kāi, fēn gěi měi gè ér zi yì gēn, shuō:"Xiàn zài, nǐ men zài shì shì kàn.""Zhè tài jiǎn dān le." Zhè cì, hái zi men yì zhé jiù duàn le.

Fù qin shuō:"Hái zi men, nǐ men kàn, yì bǎ kuài zi duō jiē shi, hěn nán zhé duàn. Yì gēn kuài zi hěn róng yì jiù zhé duàn le. Suǒ yǐ, yǐ hòu nǐ men bú yào zài dǎ jià le, tuán jié qǐ lái cái huì yǒu lì liang."

Zhè gù shi gào su wǒ men: Tuán jié lì liang dà.

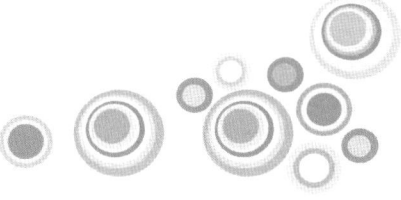

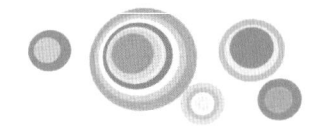

제8과 직장

一 일하기

1. 회화

A : 你爸爸/丈夫工作吗?

　　Nǐ bà ba/zhàng fu gōng zuò ma?

　　당신의 아빠/남편은 일을 하세요?

B : 他工作。

　　Tā gōng zuò.

　　그는 일을 하세요.

A : 你爸爸/丈夫做什么工作?

　　Nǐ bà ba/zhàng fu zuò shén me gōng zuò?

　　아빠/남편은 무슨 일을 하세요?

B : 他是公司职员。

　　Tā shì gōng sī zhí yuán

　　그는 직장인이세요.

A : 你妈妈/夫人工作吗?

　　Nǐ mā ma/fū ren gōng zuò ma?

　　당신의 엄마/부인은 일하세요?

B : 她工作。/她不工作。

　　Tā gōng zuò. / Tā bù gōng zuò.

　　그녀는 일하세요./일 안 하세요.

A : 你哥哥/姐姐/弟弟/妹妹工作吗?

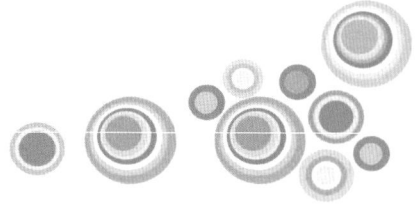

Nǐ gē ge/jiě jie/dì di/mèi mei gōng zuò ma?

당신의 형제자매는 일하세요?

B : 他工作。 / 他不工作。

Tā gōng zuò./Tā bù gōng zuò.

그는 일하세요./일 안 하세요.

A : 你工作吗?

Nǐ gōng zuò ma?

당신은 일하세요?

B : 我工作。 / 我不工作。

Wǒ gōng zuò/Wǒ bù gōng zuò

저는 일 해요./일 안 해요.

A : 你做什么工作?

Nǐ zuò shén me gōng zuò?

당신은 무슨 일을 하세요?

B : 我是公司职员。

Wǒ shì gōng sī zhí yuán

저는 직장인예요.

A : 你有名片吗?

Nǐ yǒu míng piàn ma?

당신은 명함이 있으세요?

B : 我有名片。 / 我没有名片。

Wǒ yǒu míng piàn./Wǒ méi yǒu míng piàn.

저는 명함이 있어요./없어요.

A : 你爸爸/丈夫有名片吗?

Nǐ bà ba/zhàng fu yǒu míng piàn ma?

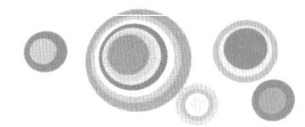

당신의 아빠/남편은 명함 있으세요?

B : 我爸爸/丈夫有名片。

Wǒ bà ba/zhàng fu yǒu míng piàn.

그는 명함이 있어요.

A : 你妈妈/夫人有名片吗?

Nǐ mā ma/fū ren yǒu míng piàn ma?

당신의 엄마/부인은 명함이 있으세요?

B : 我妈妈/夫人有名片。

Wǒ mā ma/fū ren yǒu míng piàn.

그녀는 명함이 있어요.

A : 你是学生吗?

Nǐ shì xué shēng ma?

당신은 학생이세요?

B : 我是学生。 / 我不是学生。

Wǒ shì xué shēng. / wǒ bú shì xué shēng.

저는 학생이에요. / 저는 학생이 아니에요. .

A : 你爸爸/妈妈/丈夫/夫人几点上班?

Nǐ bà ba/mā ma/zhàng fu/fū ren jǐ diǎn shàng bān?

당신의 아빠/엄마/남편/부인은 몇 시에 출근하세요?

B : 我爸爸/妈妈/丈夫/夫人九点上班。

Wǒ bà ba/mā ma/zhàng fu/fū ren jiǔ diǎn shàng bān.

저의 아빠/엄마/남편/부인은 9시에 출근하세요.

2. 단어

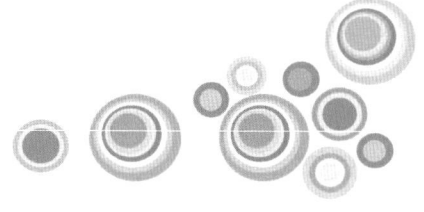

한자	병음	뜻
丈夫	zhàng fu	남편
工作	gōng zuò	일, 일하다
做	zuò	~하다
公司	gōng sī	회사
职员	zhí yuán	직원
夫人	fū ren	부인
名片	míng piàn	명함
学生	xué shēng	학생
几点	jǐdiǎn	몇 시
点	diǎn	시
上班	shàng bān	출근하다

3. 부수

한자	부수	
丈	丈 어른 장	
夫	大 큰 대	一 한 일
作	亻사람 인	乍 지을 작
做	亻사람 인	故 연고 고
公	八 여덟 팔	厶 나 사
司	司 맡을 사	
职	耳 귀 이	只 다만 지
员	口 입 구	贝 조개 패

学	学 배울 학		
点	占 점칠 점	灬 불 화	
班	王 옥 옥	刀(刂) 칼 도	王 옥 옥

4. 문법

(1) 工作: 일, 일하다

명사도 되고 동사도 된다.

他没有工作。 그는 일이 없다.

他不工作。 그는 일하지 않는다.

什么工作

做什么工作

你做什么工作?

你爸爸做什么工作?

你工作吗?

你工作不工作?

你的工作是什么?

我的工作是老师。

(2) 几点: 몇 시?

几点上班?

几点工作?

我一点工作。

妈妈几点上班?

他几点上班?

他7点上班。

爸爸9点上班吗?

爸爸上不上班?

5. 연습 문제

(1) 문장의 병음과 뜻을 써 보세요.

중국어	병음	뜻
工作		

丈夫工作	
爸爸工作	
他工作	
你爸爸工作吗	
什么工作	
做什么工作	
丈夫做什么工作？	
你丈夫做什么工作？	
职员	
公司职员	
他是公司职员。	
夫人	
夫人工作	
你做什么工作？	
我是公司职员。	
名片	
有名片	
你有名片吗？	
我有名片	
我没有名片。	
丈夫有名片	
夫人有名片	
是学生	
你是学生吗？	

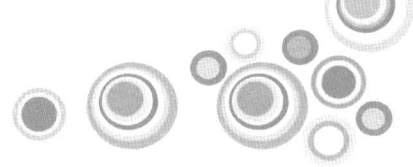

我不是学生。		
九点上班		
他不上班		
他9点上班		

(2) 녹음을 듣고 발음을 완성하세요.

No.	한자	병음	의미
1	一	y____	일,1
2	衣服	yī f____	옷
3	医生	yī shē____	의사
4	医院	yī____	병원
5	椅子	____zi	의자
6	有	____ǒu	있다
7	月	y____è	월,달
8	在	z____i	~에 있다
9	再见	zài jià____	안녕, 또 봬요~
10	怎么	zěn____	어떻게. 어째서

(3) 녹음에서 나오는 발음을 보기에서 참고해 적어 보세요.

발음
gōng zuò   zhàng fu   zhí yuán   gōng sī fū ren   míng piàn   shàng bān   shén me

二 관계

1. 회화

A : 你爸爸/丈夫工作忙不忙？

　　Nǐ bà ba/zhàng fu gōng zuò máng bù máng?

　　당신의 아빠/남편의 일은 바쁘세요?

B : 我爸爸/丈夫工作很忙。

　　Wǒ bà ba/zhàng fu gōng zuò hěn máng.

　　그는 매우 바쁘세요.

A : 你妈妈/夫人工作忙不忙？

　　Nǐ mā ma/fū ren gōng zuò máng bù máng?

　　당신의 엄마/부인의 일은 바쁘세요?

B : 我妈妈/夫人工作很忙。

　　Wǒ mā ma/fū ren gōng zuò hěn máng.

　　그녀는 매우 바쁘세요.

A : 你哥哥/姐姐/弟弟/妹妹工作忙吗？

　　Nǐ gē ge/jiě jie/dì di/mèi mei gōng zuò máng ma?

　　당신의 형제자매의 일은 바쁘세요?

B : 他/她工作很忙。

　　Tā/tā gōng zuò hěn máng.

　　그/그녀는 매우 바쁘세요.

A : 你工作忙吗？

　　Nǐ gōng zuò máng ma?

　　당신의 일은 바쁘세요?

B : 我工作很忙。

Wǒ gōng zuò hěn máng.

저는 매우 바빠요.

A : 你工作累吗?

Nǐ gōng zuò lèi ma?

당신의 일은 힘드세요?

B : 我工作很累。

Wǒ gōng zuò hěn lèi.

저의 일은 매우 힘들어요.

A : 你学习忙不忙?

Nǐ xué xí máng bù máng?

당신의 공부는 바쁘세요?

B : 我学习很忙。

Wǒ xué xí hěn máng.

저의 공부는 매우 바빠요.

A : 你学习累不累?

Nǐ xué xí lèi bú lèi?

당신의 공부는 힘드세요?

B : 我学习很累。

Wǒ xué xí hěn lèi.

저의 공부는 매우 힘들어요.

2. 연습 문제

(1) 문장의 병음과 뜻을 써 보세요.

중국어	병음	뜻

工作忙		
忙不忙		
工作忙不忙？		
丈夫工作忙不忙？		
你丈夫工作忙不忙？		
你爸爸工作忙不忙？		
很忙		
工作很忙丈夫工作很忙		
我丈夫工作很忙。		
我爸爸工作很忙。		
妈妈工作忙不忙？		
夫人工作很忙。		
工作忙吗？		
我工作很忙。		
工作累		
你工作累吗？		
我工作很累		
忙不忙？		
学习忙不忙？		
我学习很忙。		
累不累？		
你学习累不累？		
我学习很累。		
你们家谁忙？		

你们家谁不忙？		
你们家谁累？		
你们家谁不累？		
你做什么不累？		

(2) 녹음을 듣고 발음을 완성하세요.

No.	한자	병음	의미
1	吧	b___	하자, 해라, 하겠지
2	白	b___i	하얗다
3	百	b___	100
4	帮助	bāng___ù	돕다
5	报纸	bào___	신문
6	比	___ǐ	~보다
7	别	b___	이별하다,~하지 마
8	长	___áng	길다
9	唱歌	chàng___	노래를 부르다
10	出	___ū	나가다,나오다

3. 회화 연습

(1) 你爸爸/丈夫工作吗？

(2) 你爸爸/丈夫做什么工作？

(3) 你妈妈/夫人工作吗？

(4) 你哥哥/姐姐/弟弟/妹妹工作吗？

(5) 你工作吗？

(6) 你做什么工作？

(7) 你爸爸喜欢他的工作吗？

(8) 你妈妈喜欢她的工作吗？

(9) 你爸爸喜欢妈妈的工作吗？

(10) 你妈妈喜欢爸爸的工作吗？

(11) 你喜欢爸爸妈妈的公司吗？

(12) 你喜欢你的工作吗？

(13) 你爸爸/丈夫有名片吗?

(14) 你妈妈/夫人有名片吗?

(15) 你爷爷奶奶外公外婆有名片吗?

(16) 你有名片吗?

(17) 你哥哥/姐姐/弟弟/妹妹有名片吗?

(18) 你是学生吗?

(19) 你哥哥/姐姐/弟弟/妹妹是学生吗?

(20) 你的孩子是学生吗?

(21) 你喜欢做学生吗?

(22) 你喜欢做公司职员吗?

(23) 你喜欢做医生吗?

(24) 你喜欢做老师吗?

(25) 你喜欢做什么工作?

(26) 你喜欢几点上班?

(27) 你爸爸/妈妈是公司职员吗?

(28) 你爸爸/妈妈/丈夫/夫人几点上班?

(29) 你几点上班?

(30) 你爸爸/丈夫工作忙不忙?

(31) 你爸爸/妈妈喜欢几点上班?

(32) 你妈妈/夫人工作忙不忙?

(33) 你哥哥/姐姐/弟弟/妹妹工作忙吗?

(34) 你工作忙吗?

(35) 你工作累吗?

(36) 你学习忙不忙?

(37) 你学习累不累?

(38) 你的孩子学习累不累?

(39) 你的孩子学习忙不忙?

(40) 你们家谁忙?

(41) 你们家谁不忙?

(42) 你们家谁累?

(43) 你们家谁不累?

(44) 你做什么不累?

(45) 你爸爸妈妈做什么不累?

(46) 你做什么很累?

(47) 你爸爸妈妈做什么很累?

4. 읽기 연습

愚公移山

　　从前有个叫愚公的老人,他90多岁了,一直住在山的对面。因为门口的大山挡住了路,所以一家人出门要走很长时间。有一天愚公把全家聚集在一起,想把这两座山搬走。他的妻子摇摇头说:"挖出来的泥土石块放在哪儿啊?"大家都说:"我们可以丢到海里面去呀。"经过愚

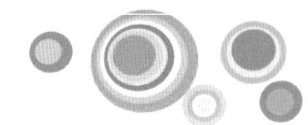

公的劝说，家人终于都同意了。第二天早上，愚公就带着全家人开始挖山了。

有个叫智叟的老头儿看到了，嘲笑他说："愚公啊，你都这么老了，还要去搬什么山啊。就算搬到你死的那一天，也不可能把大山搬走的。"

愚公听了他的话，笑笑说："没关系。即使我死了，我还有儿子在呀，儿子又生孙子，孙子又生儿子；儿子又有儿子，儿子又有孙子，这样一代代传下去是没有尽头的。而山是不会增高的，挖一点就少一点，还怕挖不平嘛。"智叟没有话说，只好走开了。后来，天神被愚公的诚心感动了，就派了两个神仙，把两座大山背走了。

这个故事告诉我们：只要有毅力和决心，再大的困难也能够克服。

Yú gōng yí shān

Cóng qián yǒu gè jiào yú gōng de lǎo rén, tā 90 duō suì le, yì zhí zhù zài shān de duì miàn.Yīn wèi mén kǒu de dà shān dǎng zhù le lù, suǒ yǐ yì jiā rén chū mén yào zǒu hěn cháng shí jiān. Yǒu yì tiān yú gōng bǎ quán jiā jù jí zài yì qǐ, xiǎng bǎ zhè liǎng zuò shān bān zǒu. Tā de qī zi yáo yáo tóu shuō:"Wā chū lái de ní tǔ shí kuài fàng zài nǎ a?" Dà jiā dōu shuō:"wǒ men kě yǐ diū dào hǎi lǐ miàn qù ya." Jīng guò yú gōng de quàn shuō, jiā rén zhōng yú dōu tóng yì le. Dì èr tiān zǎo shang, yú gōng jiù dài zhe quán jiā rén kāi shǐ wā shān le.

Yǒu gè jiào zhì sǒu de lǎo tóur kàn dào le, cháo xiào tā shuō:"Yú gōng a, nǐ dōu zhè me lǎo le, hái yào qù bān shén me shān a. Jiù suàn bān dào nǐ sǐ de nà yì tiān, yě bù kě néng bǎ dà shān bān zǒu de."

Yú gōng tīngle tā de huà, xiào xiào shuō:"Méi guān xi. Jí shǐ wǒ sǐ le, wǒ hái yǒu ér zi zài ya, ér zi yòu shēng sūn zi, sūn zi yòu shēng ér zi; ér zi yòu yǒu ér zi, ér zi yòu yǒu sūn zi, zhè yàng yí dài dài chuán xià qù shì méi yǒu jìn tóu de. Ér shān shì bú huì zēng gāo de, wā yì diǎn jiù shǎo yì diǎn, hái pà wā bù píng ma." Zhì sǒu méi yǒu huà shuō , zhǐ hǎo zǒu kāi le. Hòu lái, tiān shén bèi yú gōng de chéng xīn gǎn dòng le, jiù pài le liǎng gè shén xiān, bǎ liǎng zuò dà shān bēi zǒu le.

Zhè ge gù shi gào su wǒ men: Zhǐ yào yǒu yì lì hé jué xīn, zài dà de kùn nán yě néng gòu kè fú.

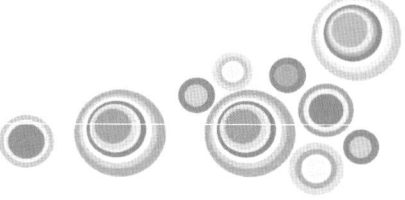

제9과 색깔

一 무지개

1. 회화

A : 这是什么？

　　zhè shì shén me?

　　이것은 무엇이에요?

B : 这是彩虹。

　　zhè shì cǎi hóng.

　　이것은 무지개예요.

A : 彩虹是什么颜色?

　　cǎi hóng shì shén me yán sè?

　　무지개는 무슨 색깔이에요?

B : 彩虹是红橙黄绿青蓝紫色。

　　cǎi hóng shì hóng chéng huáng lǜ qīng lán zǐ sè.

　　무지개의 색깔은 빨주노초파남보이에요.

A : 这是什么？

　　zhè shì shén me?

　　이것은 무엇이에요?

B : 这是雪。

　　zhè shì xuě.

　　이것은 눈이에요.

A : 雪是什么颜色?

　　xuě shì shén me yán sè?

눈은 무슨 색깔이에요?

B : 雪是白色。

xuě shì bái sè.

눈은 하얀색이에요.

A : 这是什么?

zhè shì shén me?

이것은 무엇이에요?

B : 这是头发。

zhè shì tóu fà.

이것은 머리카락이에요.

A : 头发是什么颜色?

tóu fà shì shén me yán sè?

머리카락은 무슨 색깔이에요?

B : 头发是黑色。

tóu fà shì hēi sè.

머리카락은 검은색이에요.

A : 天空是什么颜色?

tiān kōng shì shén me yán sè?

하늘은 무슨 색깔이에요?

B : 天空是蓝色。

tiān kōng shì lán sè.

하늘은 파란색이에요.

A : 你喜欢天空吗?

nǐ xǐ huān tiān kōng ma?

당신은 하늘을 좋아해요?

 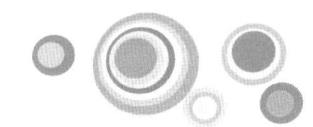

B : 我喜欢天空。

wǒ xǐ huān tiān kōng.

저는 하늘을 좋아해요.

2. 단어

한자	병음	뜻
这	zhè	이, 이것, 이 사람
彩虹	cǎi hóng	무지개
颜色	yán sè	색깔
红色	hóng sè	빨간색
橙色	chéng sè	오렌지색
黄色	huáng sè	노란색
绿色	lǜ sè	초록색
青色	qīng sè	청색
蓝色	lán sè	푸른색
紫色	zǐ sè	보라색
雪	xuě	눈
白色	bái sè	하얀색
头发	tóu fà	머리카락
黑色	hēi sè	검은색
天空	tiān kōng	하늘

3. 부수

한자	부수

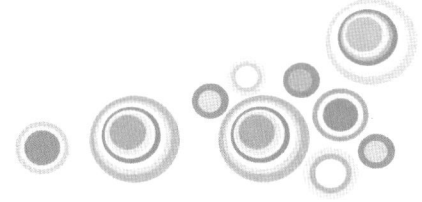

这	这 이 저		
颜	彦 선비 언	页 머리 혈	
色	色 빛 색		
彩	采 풍채 채	彡 터럭 삼	
虹	虫 벌레 충	工 장인 공	
红	纟 실 사	工 장인 공	
橙	木 나무 목	登 오를 등	
黄	黄 누를 황		
绿	纟 실 사	录 기록할 록	
青	青 푸를 청		
蓝	艹 풀 초	监 볼 감	
紫	此 이 차	糸 실 사	
空	穴 구멍 혈	工 장인 공	
雪	雨 비 우	彐 빗자루 혜	
黑	黑 검을 흑		
头	头 머리 두		
发	发 터럭 발	=髮	

4. 문법

(1) 颜色：색깔

什么颜色？

这是什么颜色？

那是什么颜色？

你不喜欢什么颜色？

爸爸妈妈喜欢什么颜色？

这个苹果的颜色是红色。

那个西瓜的颜色是绿色。

他的头发的颜色是黑色。

我爸爸的头发的颜色是黑色。

你的头发是什么颜色?

(2) 这 = 이것 ; 那= 그것, 저것

这是雪。

这是什么颜色?

这是白色。

这是谁?

这是我的朋友。

这是我的老师。

这是我的妈妈。

那是什么?

那是天空。

那是什么颜色?

那是黑色。

那是谁?

那是我的爷爷。

那是我的弟弟。

5. 연습 문제

(1) 문장의 병음과 뜻을 써 보세요.

중국어	병음	뜻
这是什么?		
那是什么?		
这是什么颜色?		
那是什么颜色?		
彩虹是什么颜色?		
红橙黄绿青蓝紫		
雪是白色的		
头发		
头发是黑色的		
天空		

| 天空是蓝色的 | | |
| 天空是什么颜色的？ | | |

(2) 녹음을 듣고 발음을 완성하세요.

No.	한자	병음	의미
1	怎么样	zěn me y___	어때요?
2	这	___è	이것
3	中国	zhōn___guó	중국
4	中午	zhōng___ǔ	점심, 정오
5	住	zh___	살다, 거주하다
6	桌子	zhuō___	책상
7	字	___ì	글자
8	坐	zu___	앉다
9	做	___ò	하다
10	昨天	zuó ti___	어제

二 과일

1. 회화

A : 这是什么？

zhè shì shén me?

이것은 무엇이에요?

B : 这是苹果。

zhè shì píng guǒ.

이것은 사과이에요.

A : 苹果是什么颜色?

píng guǒ shì shén me yán sè?

사과는 무슨 색깔이에요?

B : 苹果是红色。

píng guǒ shì hóng sè.

사과는 빨간색이에요.

A : 你喜欢苹果吗?

nǐ xǐ huān píng guǒ ma?

당신은 사과를 좋아해요?

B : 我喜欢苹果。

wǒ xǐ huān píng guǒ.

저는 사과를 좋아해요.

A : 这是什么?

zhè shì shén me?

이깃은 무엇이에요?

B : 这是西瓜。

zhè shì xī guā.

이것은 수박이에요.

A : 西瓜是什么颜色?

xī guā shì shén me yán sè?

수박은 무슨 색깔이에요?

B : 西瓜是绿色。

xī guā shì lǜ sè.

수박은 초록색이에요.

A : 你喜欢西瓜吗?

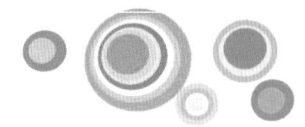

nǐ xǐ huān xī guā ma?

당신은 수박을 좋아해요?

B: 我喜欢西瓜。

wǒ xǐ huān xī guā.

저는 수박을 좋아해요.

A: 这是什么?

zhè shì shén me?

이것은 무엇이에요?

B: 这是葡萄。

zhè shì pú tao.

이것은 포도이에요.

A: 葡萄是什么颜色?

pú tao shì shén me yán sè?

포도는 무슨 색깔이에요?

B: 葡萄是紫色。

pú tao shì zǐ sè.

포도는 보라색이에요.

A: 你喜欢什么颜色?

nǐ xǐ huān shén me yán sè?

당신은 무슨 색깔을 좋아하세요?

B: 我喜欢红色，你呢?

wǒ xǐ huān hóng sè, nǐ ne?

저는 빨간색을 좋아해요. 당신은요?

A: 我也喜欢红色。

wǒ yě xǐ huān hóng sè.

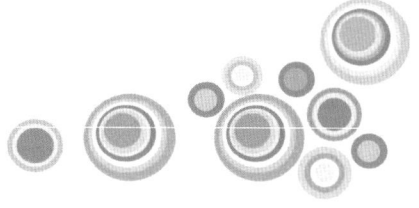

저도 빨간색을 좋아해요.

A : 你不喜欢什么颜色？

nǐ bù xǐ huān shén me yán sè?

무슨 색깔을 안 좋아하세요?

B : 我不喜欢黄色，你呢？

wǒ bù xǐ huān huáng sè, nǐ ne?

저는 노란색을 안 좋아해요. 당신은요?

A : 我也不喜欢黄色。

wǒ yě bù xǐ huān huáng sè.

저도 노란색을 좋아하지 않아요.

A : 这是什么颜色？

zhè shì shén me yán sè?

이것은 무슨 색깔이에요?

B : 这是红色。

zhè shì hóng sè.

이것은 빨간색이에요.

A : 那是什么颜色？

nà shì shén me yán sè?

저것은 무슨 색깔이에요?

B : 那是绿色。

nà shì lǜ sè.

저것은 녹색이에요.

A : 找一下红色在哪里。

zhǎo yí xià hóng sè zài nǎ lǐ.

빨간색은 어디에 있는지 찾아 보세요.

B：红色，红色，红色……

hóng sè, hóng sè, hóng sè……

빨간색,빨간색,빨간색……

A：找一下绿色在哪里。

zhǎo yí xià lǜ sè zài nǎ lǐ.

초록색은 어디에 있는지 찾아 보세요.

B：绿色，绿色，绿色……

lǜ sè , lǜ sè , lǜ sè……

초록색, 초록색, 초록색……

2. 단어

한자	병음	뜻
苹果	píng guǒ	사과
香蕉	xiāng jiāo	바나나
西瓜	xī guā	수박
葡萄	pú tao	포도
找	zhǎo	찾다
一下	yí xià	한번~ 해 보다
在	zài	~에 있다, ~에서
哪里	nǎ lǐ	어디

3. 부수

한자	부수	
苹	艹 풀 초	平 평평할 평
果	田 밭 전	木 나무 목

香	香 향기 향		
蕉	艹 풀 초	焦 탈 초	
西	西 서녘 서		
瓜	瓜 오이 과		
葡	艹 풀 초	匍 길 포	
萄	艹 풀 초	匋 질그릇 도	
在	在 있을 재		
哪	口 입 구	那 어찌 나	
里	里 마을 리		
找	扌 손 수	戈 창 과	

4. 문법

(1) 这个 : 이것; 那个 : 저것, 그것

지시대사 + (수사) + 양화사 + 명사 = this + noun

这苹果 *

这个苹果

这一个苹果

这人 *

这个人

这一个人

这个中国人

这个中国人叫什么名字?

那个韩国人

那个韩国人叫什么名字?

那个人

那个人是你的爸爸吗?

这个苹果是红色。

这个是香蕉吗?

那个香蕉是黄色。

那个西瓜是什么颜色?

(2) 的 : ~의, ~은/는, 의 것

我的爸爸

我的头发

他的苹果

蓝色的天空

白色的雪

我的黑色的头发

他（的）朋友的红色的苹果

我喜欢的蓝色的韩国的天空

2017年的我的妈妈喜欢的白色的雪

我爸爸的头发是黑色的。

天空是蓝色的。

雪是白色的。

(3) 找 : 찾다

글자 모양은 '我'와 비슷하게 생겼다.

你找谁？

我找朋友。

找一下黑色。

我找妈妈。

孩子找妈妈。

爸爸也找妈妈。

弟弟找哥哥。

我妹妹的朋友找你。

你找我吗？

你找什么？

(4) 在哪里 : 어디에 있다

你在哪里？

爸爸在哪里？

妈妈在哪里？

找一下妈妈在哪里。

找一下爸爸在哪里。

找一下苹果在哪里。

找一下弟弟在哪里。

朋友在哪里？我找她。

红色在哪里？

苹果在哪里？

我的苹果在哪里？

香蕉在哪里？

外公的西瓜在哪里？

5. 연습 문제

(1) 문장의 병음과 뜻을 써 보세요.

중국어	병음	뜻
苹果		
这是苹果		
苹果是什么颜色?		
喜欢苹果		
我不喜欢苹果		
苹果是红色		
香蕉		
香蕉是什么颜色?		
香蕉是黄色。		
我喜欢香蕉		
我不喜欢香蕉		
西瓜是什么颜色		
我喜欢西瓜		
葡萄		
葡萄是紫色		
我弟弟喜欢西瓜		
我哥哥喜欢苹果		
我妈妈喜欢葡萄		
朋友很喜欢香蕉		
我喜欢红色		
我妈妈喜欢绿色		
我也不喜欢绿色		

找黑色		
找一下黑色		
你找一下黑色		
你找一下黑色在哪里		
找黄色		
找一下黄色		
你找一下黄色		
你找一下黄色在哪里		
我的黑色的头发		
他朋友的红色的苹果		
你在哪里		
朋友在哪里？我找她		
我找苹果		

（2）녹음을 듣고 발음을 완성하세요.

No.	한자	병음	의미
1	船	chu____n	배
2	穿	____ān	입다, 신다
3	次	____ì	번
4	从	c____	~부터
5	错	c____	틀리다
6	大家	____ jiā	여러분
7	打篮球	dǎ l____qiú	농구를 하다
8	但是	dàn ____	그렇지만

| 9 | 到 | d____o | 도착하다 |
| 10 | 得 | ____e | 구조조사 |

6. 회화 연습

(1) 这是什么？

(2) 这是苹果吗？

(3) 苹果是什么颜色？

(4) 你喜欢苹果吗？

(5) 你哥哥姐姐弟弟妹妹喜欢苹果吗？

(6) 你喜欢绿色的苹果吗？

(7) 香蕉是什么颜色？

(8) 你喜欢香蕉吗？

(9) 你哥哥姐姐弟弟妹妹喜欢香蕉吗？

(10) 这是西瓜吗？

(11) 西瓜是什么颜色？

(12) 你喜欢西瓜吗？

(13) 你儿子女儿喜欢西瓜吗？

(14) 这是葡萄吗？

(15) 葡萄是什么颜色？

(16) 你喜欢葡萄吗？

(17) 你爱人/儿子女儿喜欢葡萄吗？

(18) 你喜欢紫色的葡萄吗？

(19) 你喜欢绿色的葡萄吗？

(20) 天空在哪里？

(21) 那是天空吗？

(22) 天空是什么颜色？

(23) 你喜欢天空吗？

(24) 你喜欢蓝色的天空吗？

(25) 你喜欢黑色的天空吗？

(26) 你喜欢韩国的天空吗？

(27) 你喜欢哪里的天空？

(28) 你儿子女儿喜欢天空吗？

(29) 这是头发吗？

(30) 你爸爸妈妈的头发是什么颜色？

(31) 你的头发是什么颜色？

(32) 你喜欢黄色的头发吗？

(33) 你喜欢黑色的头发吗？

(34) 谁的头发是黑色的？

(35) 谁的头发不是黑色的？

(36) 你有白色的头发吗？

(37) 你爸爸妈妈有白色的头发吗？

(38) 你喜欢白色的头发吗？

(39) 你喜欢有很多白色头发的爸爸吗？

(40) 你喜欢有很多白色头发的妈妈吗？

(41) 你爷爷奶奶有白色的头发吗？

(42) 你喜欢白色头发的爷爷奶奶吗？

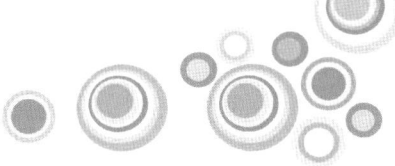

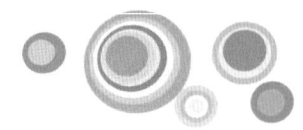

(43) 你喜欢什么颜色?

(44) 你不喜欢什么颜色?

(45) 你爸爸妈妈喜欢什么颜色?

(46) 你儿子女儿不喜欢什么颜色?

(47) 你喜欢黄色吗?

(48) 你喜欢红色吗?

(49) 你喜欢绿色吗?

(50) 你喜欢白色吗?

(51) 你喜欢黑色吗?

(52) 你喜欢蓝色吗?

(53) 你喜欢橙色吗?

(54) 你喜欢紫色吗?

(55) 你喜欢粉红色吗?

(56) 你喜欢彩虹吗?

(57) 彩虹是什么颜色?

(58) 你喜欢下雪吗?

(59) 雪是什么颜色?

(60) 你喜欢白色的雪吗?

(61) 你喜欢黑色的雪吗?

(62) 你喜欢哪里的雪?

(63) 韩国人喜欢什么颜色?

(64) 韩国人不喜欢什么颜色?

(65) 中国人喜欢什么颜色?

(66) 中国人不喜欢什么颜色?

(67) 美国人喜欢什么颜色?

(68) 美国人不喜欢什么颜色?

(69) 你在哪里?

(70) 你爸爸在哪里?

(71) 你妈妈在哪里?

(72) 你爱人哥哥姐姐弟弟妹妹在哪里?

(73) 找一下这里的黑色。

(74) 找一下这里的白色。

(75) 找一下这里的黄色。

(76) 找一下这里的紫色。

(77) 找一下这里的橙色。

7. 읽기 연습

井底之蛙

有一只青蛙,它在一口井里住了很长时间。它对自己的生活特别满意,每天都过得很开心。它高兴的时候就在井里跳来跳去,天热了就到水中游来游去,它觉得自己很幸福。

有一天,它吃了午饭,正在躺着休息,忽然听见有人在叫它。它抬起头向井口一看,只见一只大海龟的头,几乎遮去了井口上的半边天。大海龟问它:"青蛙老弟,你见过天空吗?""大

海?有我的井大吗?海龟老兄,我是这口井的主人。这儿舒服极了,就像天堂一样,欢迎你到井下来做客。"

大海龟听了青蛙的话,也想下井去看看。可是,它的左腿还没有伸进去,右腿就被绊住了。于是,大海龟只好站在井口上告诉青蛙,海有多大、多深、多广。

青蛙这才知道,井外还有这么大的天地,它又惊奇又惭愧,感到自己的见识太渺小了。

这个故事告诉我们:做人要谦虚好学。

Jǐng dǐ zhī wā

Yǒu yì zhī qīng wā, tā zài yì kǒu jǐng lǐ zhù le hěn cháng shí jiān. Tā duì zì jǐ de shēng huó tè bié mǎn yì, měi tiān dōu guò de hěn kāi xīn. Tā gāo xìng de shí hou jiù zài jǐng lǐ tiào lái tiào qù, tiān rè le jiù dào shuǐ zhōng yóu lái yóu qù, tā jué de zì jǐ hěn xìng fú.

Yǒu yì tiān, tā chī le wǔ fàn, zhèng zài tǎng zhe xiū xi, hū rán tīng jiàn yǒu rén zài jiào tā. Tā tái qǐ tóu xiàng jǐng kǒu yí kàn, zhǐ jiàn yì zhī dà hǎi guī de tóu, jī hū zhē qù le jǐng kǒu shàng de bàn biān tiān. dà hǎi guī wèn tā,"qīng wā lǎodì, nǐ jiàn guo dà hǎi ma?""Dà hǎi? Yǒu wǒ de jǐng dà ma? Hǎi guī lǎo xiōng, wǒ shì zhè kǒu jǐng de zhǔ rén. Zhè'er shū fu jí le, jiù xiàng tiān táng yí yàng, huān yíng nǐ dào jǐng xià lái zuò kè."

Dà hǎi guī tīng le qīng wā de huà, yě xiǎng xià jǐng qù kàn kàn. Kě shì, tā de zuǒ tuǐ hái méi yǒu shēn jìn qù, yòu tuǐ jiù bèi bàn zhù le. Yú shì, dà hǎi guī zhǐ hǎo zhàn zài jǐng kǒu shàng gào su qīng wā, hǎi yǒu duō dà, duō shēn, duō guǎng.

Qīng wā zhè cái zhī dào, jǐng wài hái yǒu zhè me dà de tiān dì, tā yòu jīng qí yòu cán kuì, gǎn dào zì jǐ de jiàn shi tài miǎo xiǎo le.

Zhè ge gù shi gào su wǒ men: Zuò rén yào qiān xū hào xué.

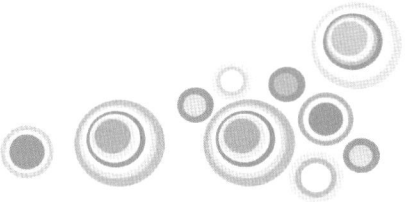

제10과 자유회화

一 인사

(1) 你爷爷好吗?

(2) 你奶奶好吗?

(3) 你好吗?

(4) 你爸爸好吗?

(5) 你妈妈好吗?

(6) 你哥哥好吗?

(7) 你姐姐好吗?

(8) 你妹妹好吗?

(9) 你爸爸身体好吗?

(10) 你妈妈身体好吗?

(11) 你爷爷身体好吗?

(12) 你奶奶身体好吗?

(13) 你家人身体好吗?

(14) 你身体好吗?

(15) 你家人都好不好?

(16) 你忙吗?

(17) 你累吗?

(18) 你饿不饿?

(19) 你困不困?

(20) 你爸爸忙不忙?

(21) 你妈妈忙不忙?

(22) 你哥哥忙吗?

(23) 你弟弟忙吗?

(24) 你姐姐忙吗?

(25) 你妹妹忙吗?

(26) 你爸爸累不累?

(27) 你妈妈累不累?

(28) 你哥哥累不累?

(29) 你姐姐累不累?

(30) 你弟弟累不累?

(31) 你妹妹累不累?

(32) 韩国妈妈们都忙吗?

(33) 韩国爸爸们都忙吗?

(34) 你家人都忙吗?

二 소개

(1) 您贵姓?

(2) 你爸爸妈妈贵姓?

(3) 你爷爷奶奶哥哥姐姐弟弟妹妹贵姓?

(4) 你的孩子贵姓?

(5) 你叫什么名字？

(6) 你爸爸叫什么名字？

(7) 你妈妈叫什么名字？

(8) 你哥哥叫什么名字？

(9) 你姐姐叫什么名字？

(10) 你弟弟叫什么名字？

(11) 你妹妹叫什么名字？

(12) 他姓什么？

(13) 你认识他吗？

(14) 你认识不认识他？

(15) 你高不高兴？

(16) 你家人高兴不高兴？

(17) 你今年多大？

(18) 你哥哥今年多大？

(19) 你姐姐今年多大？

(20) 你弟弟今年多大？

(21) 你妹妹今年多大？

(22) 你爸爸今年多大？

(23) 你妈妈今年多大？

(24) 你的汉语老师今年多大？

(25) 你的英语老师今年多大？

三 국적

(1) 你是中国人吗？

(2) 你是美国人吗？

(3) 你是日本人吗？

(4) 你是加拿大人吗？

(5) 你是韩国人吗？

(6) 你爸爸/妈妈是哪国人？

(7) 你的汉语老师是哪国人？

(8) 你的英语老师是哪国人？

(9) 他是哪国人？

(10) 你是老师吗？

(11) 你是医生吗？

(12) 你爸爸妈妈是老师吗？

(13) 你爸爸妈妈是医生吗？

(14) 那是谁？

(15) 他是你朋友吗？

(16) 她是你外婆吗？

(17) 她是你奶奶吗？

(18) 她是你哥哥/姐姐/弟弟/妹妹吗？

(19) 他是不是你弟弟？

(20) 他是不是美国人？

(21) 你是不是韩国人？

(22) 你外公是韩国人吗？

(23) 你外婆是中国人吗？

(24) 你爷爷是加拿大人吗？

(25) 你奶奶是哪国人？

(26) 你爸爸是韩国人吗？

(27) 你弟弟是日本人吗？

(28) 他是中国人吗？

(29) 你老师是中国人吗？

(30) 你老师是韩国人吗？

(31) 你外公是医生吗？

(32) 你外婆是老师吗？

(33) 你的好朋友是中国人吗？

(34) 你的朋友是美国人吗？

(35) 你的老师是加拿大人吗？

四 가족

(1) 你家有几口人？

(2) 你们家有谁？

(3) 你有哥哥/姐姐/弟弟/妹妹吗？

(4) 你有几个哥哥/姐姐/弟弟/妹妹？

(5) 你结婚了吗？

(6) 你爱人是韩国人吗？

(7) 你有孩子吗？

(8) 你有几个孩子？

(9) 你有几个儿子？

(10) 你有几个女儿？

(11) 你爷爷有几个孩子？

(12) 你爷爷有几个儿子？

(13) 你爷爷有几个女儿？

(14) 你外公有几个孩子？

(15) 你外公有几个儿子？

(16) 你外公有几个女儿？

(17) 你喜欢小狗吗？

(18) 你爸爸喜欢小狗吗？

(19) 你妈妈喜欢小狗吗？

(20) 你爱人喜欢小狗吗？

(21) 你家有小狗吗？

(22) 你有爸爸妈妈的照片吗？

(23) 你喜欢你哥哥/姐姐/弟弟/妹妹吗？

(24) 你有哥哥/姐姐/弟弟/妹妹的照片吗？

(25) 你有朋友吗？

(26) 你有几个朋友？

(27) 你有男/女朋友吗？

(28) 你哥哥/姐姐有男/女朋友吗？

(29) 你有男/女朋友的照片吗？

(30) 你有中国朋友吗？

(31) 你有韩国朋友吗？

(32) 你有几个韩国朋友？

(33) 你有美国朋友吗？

(34) 你有日本朋友吗？

（35）你有加拿大朋友吗？

（36）你有医生吗？

（37）你的医生是哪国人？

（38）你有老师吗？

（39）你的老师是哪国人？

（40）你有中国老师吗？

（41）你有几个中国老师？

（42）你有韩国老师吗？

（43）你有几个韩国老师？

（44）你有美国老师吗？

（45）你有日本老师吗？

（46）你有加拿大老师吗？

（47）你有老师的照片吗？

（48）你有朋友的照片吗？

（49）你有小狗的照片吗？

（50）你有老师的照片吗？

五 직장

(1) 你爸爸/丈夫工作吗？

(2) 你爸爸/丈夫做什么工作？

(3) 你妈妈/夫人工作吗？

(4) 你哥哥/姐姐/弟弟/妹妹工作吗？

(5) 你工作吗？

(6) 你做什么工作？

(7) 你爸爸喜欢他的工作吗？

(8) 你妈妈喜欢她的工作吗？

(9) 你爸爸喜欢妈妈的工作吗？

(10) 你妈妈喜欢爸爸的工作吗？

(11) 你喜欢爸爸妈妈的公司吗？

(12) 你喜欢你的工作吗？

(13) 你爸爸/丈夫有名片吗？

(14) 你妈妈/夫人有名片吗？

(15) 你爷爷奶奶外公外婆有名片吗？

(16) 你有名片吗？

(17) 你哥哥/姐姐/弟弟/妹妹有名片吗？

(18) 你是学生吗？

(19) 你哥哥/姐姐/弟弟/妹妹是学生吗？

(20) 你的孩子是学生吗？

(21) 你喜欢做学生吗？

(22) 你喜欢做公司职员吗？

(23) 你喜欢做医生吗？

(24) 你喜欢做老师吗？

(25) 你喜欢做什么工作？

(26) 你喜欢几点上班？

(27) 你爸爸/妈妈是公司职员吗？

(28) 你爸爸/妈妈/丈夫/夫人几点上班？

(29) 你几点上班？

(30) 你爸爸/丈夫工作忙不忙？

(31) 你爸爸/妈妈喜欢几点上班？

(32) 你妈妈/夫人工作忙不忙？

(33) 你哥哥/姐姐/弟弟/妹妹工作忙吗？

(34) 你工作忙吗？

(35) 你工作累吗？

(36) 你学习忙不忙？

(37) 你学习累不累？

(38) 你的孩子学习累不累？

(39) 你的孩子学习忙不忙？

(40) 你们家谁忙？

(41) 你们家谁不忙？

(42) 你们家谁累？

(43) 你们家谁不累？

(44) 你做什么不累？

(45) 你爸爸妈妈做什么不累？

(46) 你做什么很累？

(47) 你爸爸妈妈做什么很累？

六 색깔

(1) 这是什么？

(2) 这是苹果吗？

(3) 苹果是什么颜色？

(4) 你喜欢苹果吗？

(5) 你哥哥姐姐弟弟妹妹喜欢苹果吗？

(6) 你喜欢绿色的苹果吗？

(7) 这是香蕉吗？

(8) 香蕉是什么颜色？

(9) 你喜欢香蕉吗？

(10) 你哥哥姐姐弟弟妹妹喜欢香蕉吗？

(11) 这是西瓜吗？

(12) 西瓜是什么颜色？

(13) 你喜欢西瓜吗？

(14) 你哥哥姐姐弟弟妹妹喜欢西瓜吗？

(15) 这是葡萄吗？

(16) 葡萄是什么颜色？

(17) 你喜欢葡萄吗？

(18) 你哥哥姐姐弟弟妹妹喜欢葡萄吗？

(19) 你喜欢紫色的葡萄吗？

(20) 你喜欢绿色的葡萄吗？

(21) 天空在哪里？

(22) 那是天空吗？

(23) 天空是什么颜色？

(24) 你喜欢天空吗？

(25) 你喜欢蓝色的天空吗？

(26) 你喜欢黑色的天空吗？

(27) 你喜欢韩国的天空吗？

(28) 你喜欢哪里的天空？

（29）你哥哥姐姐弟弟妹妹喜欢天空吗？

（30）这是头发吗？

（31）你爸爸妈妈的头发是什么颜色？

（32）你的头发是什么颜色？

（33）你喜欢黄色的头发吗？

（34）你喜欢黑色的头发吗？

（35）谁的头发是黑色的？

（36）谁的头发不是黑色的？

（37）你有白色的头发吗？

（38）你爸爸妈妈有白色的头发吗？

（39）你喜欢白色的头发吗？

（40）你喜欢有很多白色头发的爸爸吗？

（41）你喜欢有很多白色头发的妈妈吗？

（42）你外公外婆有白色的头发吗？

（43）你喜欢有很多白色头发的爷爷吗？

（44）你喜欢什么颜色？

（45）你不喜欢什么颜色？

（46）你儿子女儿喜欢什么颜色？

（47）你爱人不喜欢什么颜色？

（48）你喜欢黄色吗？

（49）你喜欢红色吗？

（50）你喜欢绿色吗？

（51）你喜欢白色吗？

（52）你喜欢黑色吗？

（53）你喜欢蓝色吗？

（54）你喜欢橙色吗？

（55）你喜欢紫色吗？

（56）你喜欢粉红色吗？

（57）你喜欢彩虹吗？

（58）彩虹是什么颜色？

（59）你喜欢下雪吗？

（60）雪是什么颜色？

（61）你喜欢白色的雪吗？

（62）你喜欢黑色的雪吗？

（63）你喜欢哪里的雪？

（64）韩国人喜欢什么颜色？

（65）韩国人不喜欢什么颜色？

（66）中国人喜欢什么颜色？

（67）中国人不喜欢什么颜色？

（68）美国人喜欢什么颜色？

（69）美国人不喜欢什么颜色？

（70）你在哪里？

（71）你爸爸在哪里？

（72）你妈妈在哪里？

（73）你爱人哥哥姐姐弟弟妹妹在哪里？

（74）找一下这里的黑色。

（75）找一下这里的白色。

（76）找一下这里的蓝色。

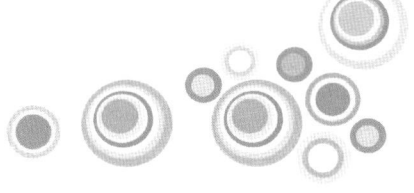

<MP3 + 연습 문제 답안 무료 다운!>

이 책에 관련된 MP3 녹음 파일과 연습 문제 답안은 드림중국어 카페 (http://cafe.naver.com/dream2088) 를 회원 가입한 후에 다운 받으실 수 있습니다.

MP3 파일 다운로드 주소:　　　　https://cafe.naver.com/dream2088/3510

연습 문제 답안 다운로드 주소:　　https://cafe.naver.com/dream2088/3791

드림중국어 1:1 화상 수업

> **드림중국어 원어민 수업 체험 예약 (30 분)**
>
> QR 코드를 스캔해서 중국어 수업을 체험 신청하세요.
>
> (네이버 아이디로 들어감)
>
> ZOOM 1:1 수업, 휴대폰/태블릿/컴퓨터로 수업 가능

드림중국어 대면 수업 신청

드림중국어 인천 **청라점**

주소: 인천 청라국제도시

상담 전화: **032-567-6880**

드림중국어 강남 **대치동점**

주소: 서울시 강남구 대치동

상담 전화: **010-5682-6880**

첫 수업은 무료 체험 가능.

<드림중국어 시리즈 교재>

책 제목	책 제목
드림중국어 왕초보 탈출 1 (HSK 1급)	드림중국어 YCT 1-4급 실전 모의고사 (세트)
드림중국어 왕초보 탈출 2 (HSK 2급)	드림중국어 YCT 회화 (초급) 실전 모의고사
드림중국어 중급 듣기 1 (HSK 3급)	드림중국어 YCT 회화 (중급) 실전 모의고사
드림중국어 초급 회화 600	드림중국어 HSK 1-6급 실전 모의고사 (세트)
드림중국어 중급 회화 600 (세트)	드림중국어 HSKK 초급 실전 모의고사
드림중국어 고급 회화 800 (세트)	드림중국어 HSKK 중급 실전 모의고사
드림중국어 신 HSK 초.중급 필수 단어	드림중국어 HSKK 고급 실전 모의고사
드림중국어 신 HSK 고급 필수 단어	드림중국어 수능 기출 문제집 (세트)
드림중국어 신 HSK 초급 문법	드림중국어 수능 대비 문제집 (세트)
드림중국어 신 HSK 중급 문법	드림중국어 실용 회화 시리즈 (세트)
드림중국어 신 HSK 고급 문법	드림중국어 수능 단어 총정리 (세트)
드림중국어 한자쓰기 초.중급	드림중국어 중국 어린이 동요 100 (세트)
드림중국어 한자쓰기 중급/고급 (세트)	드림중국어 중국 어린이 시 100
드림중국어 중급 읽기 1-4 (중국 문화 이야기)	드림중국어 중국 시 100
드림중국어 고급 읽기 1-2 (중국 문화 이야기)	드림중국어 중국 명인 명언 100 (세트)
드림중국어 SAT2 대비 문제집 (세트)	드림중국어 MCT (의학 중국어 시험) 단어
드림중국어 고급 회화 1	중국 아이들이 좋아하는 동화 이야기 (세트)
드림중국어 재미 있는 중국 이야기 (세트)	드림중국어 중국 인기 노래 100 (세트)

<드림중국어> 출판사 전화: 010-9853-6588